LEKTÜRESCHLÜSSEL
FÜR SCHÜLERINNEN UND SCHÜLER

Joseph Roth
Hiob

Von Manfred Eisenbeis

Reclam

Dieser Lektüreschlüssel bezieht sich auf folgende Textausgabe:
Joseph Roth: *Hiob*. Roman eines einfachen Mannes. München:
Deutscher Taschenbuch Verlag, 2004. (dtv. 13020.)

RECLAMS UNIVERSAL-BIBLIOTHEK Nr. 15376
Alle Rechte vorbehalten
© 2006 Philipp Reclam jun. GmbH & Co. KG, Stuttgart
Gesamtherstellung: Reclam, Ditzingen
Printed in Germany 2015
RECLAM, UNIVERSAL-BIBLIOTHEK und
RECLAMS UNIVERSAL-BIBLIOTHEK sind eingetragene
Marken der Philipp Reclam jun. GmbH & Co. KG, Stuttgart
ISBN 978-3-15-015376-5

www.reclam.de

Inhalt

1. Erstinformation zum Werk **5**
2. Inhalt und Aufbau **7**
3. Personen **23**
4. Wort- und Sacherläuterungen **42**
5. Interpretation **50**
6. Autor und Zeit **83**
7. Rezeption **86**
8. Checkliste **90**
9. Lektüretipps/Filmempfehlungen **92**

Anmerkungen **95**

1. Erstinformation zum Werk

Joseph Roth, 1894 im damals österreichischen Galizien geboren, war bereits ein bekannter Autor, als sein Roman *Hiob* 1930 erschien. Einer der renommiertesten Journalisten der Weimarer Republik, hatte er durch seine Beiträge in liberalen und linken Zeitungen seit 1919 ein breites Publikum erreicht, seine früheren Romane hatten ihm Anerkennung eingebracht und ihn als Schriftsteller bekannt gemacht. In *Hiob*, dem *Roman eines einfachen Mannes*, wie der Untertitel lautet, hat sich Roth vom sozialkritischen linksliberalen Schriftsteller zum Bewahrer der Tradition gewandelt. Der Roman wurde sein erfolgreichstes Buch und in mehrere Sprachen übersetzt.

Den Titel entlehnt Roth vom *Buch Hiob*, das zur Weisheitsliteratur des Alten Testaments gehört. Roth hörte wahrscheinlich schon in seiner Kindheit die Geschichte von Hiob, dem gottesfürchtigen, reichen Juden aus Uz, der eine Frau, Söhne, Töchter und Besitz hatte, dem Gott nach einer Wette mit dem Satan alles nahm, was er besaß, um seine Frömmigkeit und Glaubensfestigkeit zu prüfen. Das *Buch Hiob* gestaltet ein Grundproblem des Menschen, die Frage, ob ein gerechter Gott über der Welt mit ihren Ungerechtigkeiten waltet. Es ist das Problem der Theodizee, der Rechtfertigung Gottes angesichts des Bösen in der Welt.

Während des Nationalsozialismus wurden Roths Werke verboten, und auch nach dem Krieg gehörte der Roman einige Zeit zu den vergessenen Klassikern, obwohl ihn der Schriftsteller Heinrich Böll »eines der schönsten Bücher« nennt, »das zwischen den beiden Kriegen erschienen ist«.[1] Besonders die Verfilmung des Romans für das Fernsehen

6 1. ERSTINFORMATION ZUM WERK

1978 rückte ihn wieder in das Bewusstsein einer breiteren
Öffentlichkeit.

Schon beim ersten Lesen fasziniert den Leser die wuchti-
ge Sprache, die eine suggestive Kraft entfaltet. Er begegnet
der völlig zerstörten, unwiederbringlich verlorenen, fast
schon vergessenen kulturellen und religiösen Welt des
Ostjudentums, die durch den Holocaust vernichtet wurde. Der Roman ist die poetische Dokumentation dieses
uns völlig fremd gewordenen Kulturkreises, der über ein
verbindliches ethisches Normensystem verfügte. Roth
zeigt, wie dieses ganzheitliche religiöse Sinnsystem seine
Gültigkeit verliert und welche Folgen dieser Verlust für
den Einzelnen und für die Gesellschaft hat.

Aber der Roman gestaltet darüber hinaus am Beispiel eines
Menschen aus diesem Kulturkreis, und das rechtfertigt
den Buchtitel, ein existenzielles und überzeitliches Problem, nämlich die Frage des leidenden und verzweifelten
Menschen nach dem Sinn des Leidens in der Welt. Diese
Problematik erhält durch die Vernichtung der Juden während der Hitler-Diktatur ein besonderes Gewicht.

Noch ein anderes Thema des Romans gewinnt heute immer mehr Bedeutung: das Problem der Assimilation, also
der Anpassung und Eingewöhnung einer Minderheit in
eine fremde Gesellschaft. Im Kulturkonflikt zwischen einer strengen Religiosität und einer säkularen, liberalen Gesellschaft klammert sich die ältere Generation in der Fremde
oft an Traditionen und Rituale, die sie nicht an ihre Kinder
weitergeben kann. Für die jüngere Generation andererseits
gehört die Religion der Väter und Mütter zu einer Kultur,
die sie nicht mehr anerkennen will.

2. Inhalt und Aufbau

Der Roman spielt etwa in der Zeit von 1905 bis 1920 und erzählt die Lebens- und Leidensgeschichte der ostjüdischen **Familie Singer** aus Zuchnow, einem kleinen Städtchen, das in Wolhynien, im Südwesten Russlands, liegt.

Roth stellt das Geschehen in **zwei Handlungssträngen** dar. Der etwas längere »Erste Teil« des Romans (7–104) enthält die **Kapitel 1 bis 9**. Dabei spielen die ersten **acht Kapitel** (7–99) in der russischen Heimat des armen Kleine-Kinder-Lehrers Mendel Singer, der dort mit seiner Familie eine unauffällige, unscheinbare Existenz führt. Entscheidende Ereignisse sind die Geburt des behinderten Sohnes Menuchim, die Einberufung der älteren Söhne Jonas und Schemarjah zum Militärdienst, das nymphomane Verhalten der Tochter Mirjam, die Einladung der Familie nach Amerika und ihre Auswanderung. Das **neunte Kapitel** (99–104) hat überleitenden Charakter und beschreibt Mendels und seiner Familie Ankunft in New York sowie den ersten Eindruck, den die Stadt auf ihn macht.

Schauplatz des etwas kürzeren »Zweiten Teils« mit den **Kapiteln 10 bis 16** (104–188) ist New York. Der Erzähler schildert Mendels Leben in der großen fremden Stadt und besonders die Anpassungsschwierigkeiten des mittlerweile 59-Jährigen. Die Familie lebt anfangs in sicheren Verhältnissen. Doch nach Beginn des Ersten Weltkriegs brechen **Schicksalsschläge** über sie herein: Jonas wird in Russland vermisst, Schemarjah fällt als amerikanischer Soldat im Ersten Weltkrieg, Deborah stirbt vor Kummer und Mirjam wird wahnsinnig. Mendel Singer kann dieses Leid nicht mehr ertragen, verzweifelt und sagt sich von Gott los.

8 2. INHALT UND AUFBAU

Aber als der wunderbarerweise geheilte jüngste Sohn ihn besucht und zu sich nimmt, versöhnt er sich wieder mit Gott.

Überblick

Kriterien	Kapitel 1–9	Kapitel 10–16
Ort	ländliches Gebiet: das galizische Zuchnow in Wolhynien, Russland	jüdisches Viertel der Großstadt New York, Amerika
Inhalt	Lebensweise der Familie Singer, Eheprobleme, Probleme mit den Kindern, Auswanderung, Ankunft in New York	Lebensweise der Familie Singer, Schicksalsschläge, Abfall Mendels von Gott, Rückkehr des Sohnes, Versöhnung mit Gott
Familie	Auflösungserscheinungen	Auflösung, Todesfälle
Merkmale der Gesellschaft	Agrargesellschaft: Abgeschlossenheit, enge, persönliche Beziehungen, bäuerliche Lebensweise	kapitalistische Gesellschaft: Liberalität, Anonymität, Vereinzelung, Assimilationsdruck
Lebensweise	abgeschlossen in einer Art Ghetto, ärmliches Leben vom geringen Verdienst Mendel Singers	relativ abgeschlossen im jüdischen Viertel, Leben von Zuwendungen des Sohnes
Zeit	fast mittelalterliche Welt des jüdischen »Schtetl« (Städtchens)	moderne Großstadtgesellschaft der Jahrhundertwende

Gang der Handlung

Erster Teil

Kapitel I (7–18): Das Leben der Familie Singer – Der behinderte Sohn Menuchim – Die Prophezeiung des Wunderrabbis

Die ersten Seiten haben die Funktion einer Exposition. Der Erzähler informiert den Leser über das alltägliche Leben der Hauptfigur und seiner Familie. Mendel Singer ist ein schlecht bezahlter Lehrer für kleine Kinder und lebt mit seiner Familie in dürftigen Verhältnissen. Aber er ist ein frommer, gottesfürchtiger Mann, der seine Lebenssituation akzeptiert und jeden Morgen Gott dankt.

Er liebt seine Frau Deborah. Sie hat einen praktischen Sinn für die Dinge des Lebens, hält das Haus in Ordnung und kümmert sich um die beiden Söhne Jonas und Shemarjah sowie um die Tochter Mirjam. Sie ist von ihrem kargen Leben enttäuscht und mit ihrem Mann wegen seiner Lebensuntüchtigkeit unzufrieden.

Mit der Geburt des jüngsten Kindes, des epileptischen Jungen Menuchim, erlebt die Familie den ersten Schicksalsschlag. Der russische Impfarzt hält eine Heilung von Menuchims Krankheit nicht für aussichtslos und bietet an, das Kind im Krankenhaus umsonst zu behandeln. Mendel lehnt jedoch ab, weil dies nicht Gottes Wille sei, während Deborah die Chance wahrnehmen will. Sie konzentriert sich in der Folgezeit ausschließlich auf ihr krankes Kind und vernachlässigt aus Kummer den Haushalt. Ihre Beziehung zu den gesunden anderen Kindern verschlechtert sich.

Sie lehnt Mendels bedingungslose Ergebung in Gottes

10 2. INHALT UND AUFBAU

Willen ab, will selbst etwas für ihr krankes Kind tun und unternimmt mit ihm eine beschwerliche Reise zu einem Wunderrabbi. Dieser prophezeit ihr, dass ihr Sohn nach langer Zeit nicht nur gesund, sondern ein besonderer Mensch werde. Sie dürfe ihn jedoch nicht verlassen.

Kapitel II (18–25): Charakter der Söhne – Ihr Verhalten Menuchim gegenüber – Veränderung der Beziehung der Eheleute zueinander

Im zweiten Kapitel setzt der Erzähler die Exposition fort. Mendel Singer glaubt nicht an die Prophezeiung des Wunderrabbis. Obwohl seine Söhne gegensätzlichen Charakters sind, vertragen sie sich: Jonas, der Ältere, ist stark, aber etwas unbeholfen, Shemarjah, der Zweitälteste, ist schlau und geschickt. Beide sollen sich um ihren behinderten Bruder kümmern. Aber sie hassen ihn, quälen ihn zusammen mit ihrer Schwester und versuchen ihn sogar zu ertränken.

Deborahs Verhältnis zu ihrem Mann verschlechtert sich immer mehr. Sie merkt, dass sie altert, und schläft nicht mehr mit ihm. Wegen Menuchim, der älter und größer wird, vernachlässigt sie ihre drei anderen Kinder. Sie glaubt an die Prophezeiung, dass Menuchim einmal geheilt wird.

Kapitel III (25–37): Verhalten Mirjams – Einberufung und Heimkehr der Söhne

Der Erzähler macht einen Zeitsprung von zehn Jahren. Zuerst beschreibt er Charakter und Verhalten der Tochter Mirjam, die schon als Kind Kummer verursacht: Deborah erinnert sich an einen Tag ihrer Schwangerschaft mit Menuchim, als sich ihre Tochter von ihr losriss und in eine christliche Kirche rannte. Auf diesen Vorfall führt sie ihr Unglück mit Menuchim zurück. Als Jugendliche macht Mirjam dann ihren Eltern besonders wegen ihres Verhaltens Männern gegenüber Sorgen. Mit ihrer Koketterie provoziert sie die russischen Offiziere der Garnison. Ihr Verhalten lässt Schlimmes befürchten.

Noch anderes Unheil deutet sich an. Die Söhne Jonas und Shemarjah werden zum russischen Militär einberufen. Beide sind gesund und mithin tauglich. Die jüdische Tradition verlangt jedoch, dass sie diesen Dienst zu umgehen versuchen, evtl. durch angebliche Krankheit, damit sie sich jüdischer Lebensweise nicht entfremden.

Der Erzähler schildert ausführlich die Heimkehr der beiden Söhne von der Musterung, um dem Leser ihren unterschiedlichen Charakter vor Augen zu führen. Jonas ist bereit, Soldat zu werden, und freut sich sogar darauf. Shemarjah will in großen Städten das Leben eines reichen Mannes führen. Auf die Mitteilung, dass beide Söhne genommen worden sind, reagieren die Eltern entsetzt.

Kapitel IV (38–46): Vorbereitungen für Schemarjahs Flucht – Menuchim

Der Erzähler stellt das unterschiedliche Verhalten der Eheleute in ihrer Reaktion auf die Einberufung der Söhne dar. Mendels fatalistische Haltung wird von Deborah verachtet. Sie will alles tun, um die Einberufung der Söhne zu verhindern. Ihr Mann zieht sich in sich selbst zurück und beschäftigt sich mit Menuchim. Erstaunt stellt er fest, dass dieser zwar nach wie vor außer dem Wort »Mama« nichts spricht, wohl aber auf das Klingen von Gläsern und das Geläut von Glocken reagiert.

12 2. INHALT UND AUFBAU

Deborah sucht im Nachbarort Kapturak auf, der erfahren im Umgang mit Behörden und mit illegalen Geschäften ist. Da sie nicht genügend Geld hat, will er nur einem ihrer Söhne zur Flucht über die Grenze verhelfen. Aus der Verlegenheit, einen Sohn auswählen zu müssen, befreit sie Jonas, weil er Soldat werden will. Bis zum Einrücken arbeitet er als Pferdeknecht.

Kapitel V (47–52): Schemarjahs Abschied und Flucht

In diesem relativ kurzen Kapitel beschreibt der Erzähler Schemarjahs schmerzlichen Abschied von seiner Familie und seine Flucht. Ein Bote Kapturaks holt ihn ab und bringt ihn zur Grenze. In einer Schenke warten er und andere Flüchtlinge auf den günstigen Zeitpunkt. Schemarjahs Begleiter freuen sich nach gelungener Flucht über die neue Freiheit, nur er selbst ist wehmütig und denkt an seine Eltern.

Auch sie denken an ihn. Mendel äußert sich erneut gottergeben, während Deborah ihr jetzt leeres Leben beklagt. Mirjam ist meistens unterwegs, Menuchim macht keine Fortschritte in seiner Entwicklung, und Jonas dient zufrieden als russischer Soldat.

Kapitel VI (53–67): Der Besuch des Fremden – Schemarjahs Einladung – Entschluss zur Reise nach Amerika

In diesem längeren Kapitel schildert der Erzähler ein entscheidendes Ereignis, nämlich Mendel Singers Entschluss, der Einladung seines Sohnes zu folgen und nach Amerika auszuwandern.

Mehrere Jahre nach Schemarjahs Flucht besucht Mac, ein Amerikaner, die Familie Singer. Er überbringt einen Brief

2. INHALT UND AUFBAU   13

von Schemarjah, der sich in Amerika Sam nennt und über sein Schicksal berichtet. Nach bescheidenen Anfängen zuerst in Triest, wo er seine spätere Frau Vega kennen lernte, und dann in Amerika hat er es zu Geld gebracht und ist jetzt mit Mac Inhaber einer Versicherungsgesellschaft in New York. Bald wolle er der Familie Schiffskarten für die Auswanderung schicken. Diese ist von dem Brief beeindruckt, besonders aber von dem mitgebrachten Zehn-Dollar-Schein und den Bildern von Schemarjahs Familie. Nach der Abreise des Fremden sind die Meinungen der Familienmitglieder in Bezug auf eine Übersiedlung nach Amerika geteilt. Mendel verhält sich abwartend, Deborah ist spontan dagegen, Mirjam will ebenso spontan zu »Sam« reisen. Alle wissen, dass der behinderte Menuchim nicht mitgenommen werden kann.

Der Erzähler berichtet, wie Mendel abends mit den anderen Juden zusammenkommt, um den Neumond zu begrüßen. Anschließend wird er unfreiwillig Ohrenzeuge einer Liebesszene seiner Tochter Mirjam mit einem Kosaken. Am folgenden Morgen teilt er Deborah seinen Entschluss mit, dass sie, um Mirjam zu retten, nach Amerika fahren werden, auch wenn Menuchim zurückbleiben muss.

Kapitel VII (67–81): Vorbereitungen zur Reise – Mirjam – Demütigungen

Deborah ändert ihre Meinung. Sie verspricht sich von der Übersiedlung nicht nur die Rettung Mirjams, sondern auch eine Verbesserung ihrer Lebenssituation. Deshalb will sie die Sache vorantreiben und die notwendigen Dokumente besorgen. Da Mendel persönlich auf den Ämtern erscheinen muss, beschließen sie zusammen zu fahren. Mirjam soll sich während ihrer Abwesenheit um Menuchim kümmern.

14 2. INHALT UND AUFBAU

Der Erzähler schildert ausführlich Mirjams Fühlen und Denken, ihre Wünsche an das Leben und ihre Begierde nach Männern. Sie hat keine Probleme damit, ihre Heimat zu verlassen, die sie als dumpf und eng empfindet, und stellt sich vor, dass es in Amerika noch mehr Möglichkeiten gäbe, ihre Sexualität auszuleben.

Mendel Singer fährt jedoch ohne Deborah mit dem Fuhrmann zu den Ämtern, um die Papiere zu bekommen. Als einfacher Jude vom Lande erduldet er dort Schikanen und Demütigungen durch die arroganten und korrupten Beamten. Zum Glück hilft ihm Kapturak, der sich in der Stadt aufhält. Auf der Rückfahrt geschieht ein Unfall. Die Pferde scheuen, der Wagen gerät in einen Graben und wird so beschädigt, dass sie nicht mehr weiterfahren können und die Nacht am Straßenrand verbringen müssen.

Kapitel VIII (82–99): Reisevorbereitungen – Mirjams Verhalten – Abschied – Ankunft auf dem Schiff

Noch einmal geht der Erzähler auf Mirjam ein, auf ihre Schönheit und ihr Verhältnis zu den Männern. Sie trifft sich zum letzten Mal mit einem ihrer Liebhaber und bedauert, dass sie alle anderen zurücklassen muss. Aber sie stellt sich auf die Zukunft in Amerika ein. Dort will sie ihre Wünsche ans Leben noch intensiver verwirklichen. Ihre abwertenden Äußerungen über ihren Vater und ihren behinderten Bruder lassen erkennen, dass sie sich schon längst ihrer Familie entfremdet hat. Deborah bewundert jedoch insgeheim ihre Tochter und hat Verständnis für sie.

Kapturak hat die Papiere rechtzeitig besorgt, und Mendel beschäftigt sich mit den Vorbereitungen zur Reise. Er macht Deborah die Alternative deutlich, vor der sie stehen: Wenn sie bleiben, befürchtet er ein Unglück für Mirjam, wenn sie fahren, dann muss Menuchim zurückbleiben, weil das vom Rabbi prophezeite Wunder seiner Genesung bisher nicht eingetreten ist. Wenn Menuchim allerdings bis zur Abreise gesund würde, nähmen sie ihn mit, und wenn Gott ihn später heilen würde, könnten sie ihn immer noch nachkommen lassen.

Für das kranke Kind findet sich eine Lösung: Die junge Familie Billes aus der Nachbarschaft will sich um es kümmern und darf dafür in Mendels Häuschen wohnen. In dieser Zeit wird Menuchim aktiver und ruft seine Mutter öfter als früher. Sie leidet am meisten unter der bevorstehenden Trennung von ihm. Vorübergehend hat sie sogar den Gedanken, mit ihm in Russland zu bleiben.

Der Erzähler schildert die Feier des letzten Sabbatfestes in der Heimat. Mendel nimmt Abschied von seinen Nachbarn, die seine Ausreise billigen. Höhepunkt dieses Erzählabschnitts ist der erschütternde Abschied Deborahs von Menuchim. Ihr Mann findet Trost in mechanischem Beten, womit er auch seine Angst vor dem Meer betäuben will.

In Bremen wird die Familie Singer von Vertretern der Schifffahrtsgesellschaft empfangen und nach Bremerhaven gebracht, wo sie die Nacht verbringt. Mendel leidet unter Abschiedsschmerz von Menuchim und von seiner Heimat. Auf dem Schiff verliert er seine Angst vor dem unendlichen Meer, weil er es als Werk Gottes erkennt.

Kapitel IX (99–104): Wiedersehen mit Shemarjah/Sam – Mendels erste Eindrücke von Amerika

Das kurze neunte Kapitel hat den Charakter einer Überleitung. Der Erzähler schließt mit ihm den ersten Teil. Er spart die Strapazen der vierzehntägigen Seereise aus und berichtet von der Ankunft der Familie in New York, von ihrem unangenehmen Aufenthalt in der Quarantäne und vor allem vom Wiedersehen mit Sohn Schemarjah bzw. Sam, der sich seiner neuen Heimat angepasst hat.

Mac, Sams Geschäftspartner, fährt die Familie durch New York, damit sie einen ersten Eindruck gewinnt. Mendel ist von der Hitze, dem ungeheuren Lärm und den Gerüchen der großen Stadt so mitgenommen, dass er ohnmächtig wird und dann an seiner Identität zweifelt.

Zweiter Teil

Kapitel X (107–119): Leben der Familie in New York – Gedanken an Menuchim – Der Brief aus Russland

Zuerst berichtet der Erzähler von der Lebensweise der Familie in der Weltstadt New York. Mendel Singer hat sich fast an die neue Heimat gewöhnt. Die Familie lebt in engen räumlichen Verhältnissen, aber sie kommt finanziell einigermaßen zurecht, da sie von Schemarjah unterstützt wird. Mendel kleidet sich immer noch wie in seiner alten Heimat. Er bewundert seine Kinder. Besonders stolz ist er auf seinen Sohn und dessen geschäftlichen Erfolg. Auch Mirjam, die bei ihrem Bruder als Verkäuferin angestellt ist, fügt sich wieder in die Familie ein und geht freundlich mit ihren Eltern um. Mendel akzeptiert, dass sie mit Sams Partner Mac befreundet ist, obwohl dieser wahrscheinlich kein Jude ist.

Deborah ist mit den Verhältnissen in der neuen Umgebung unzufrieden. Der tiefere Grund liegt darin, dass sie sich Vorwürfe macht, Menuchim im Stich gelassen zu haben. Sie schlägt vor, nach Russland zu ihrem Sohn zu reisen, und auch Mendel denkt daran, ihn zu sehen. Er verspricht Deborah, ihn nach Amerika zu holen, wenn er gesund sei und wenn es finanziell möglich ist.

Es gibt positive Nachrichten: Schemarjah verdient auf einen Schlag viel Geld, und aus der Heimat kommt ein Brief: Die Familie Billes teilt mit, dass Menuchim seit einem Brandunfall einige Worte sprechen könne. Jonas schreibt, dass es ihm gut gehe und dass er seinen Bruder Schemarjah gern wiedersehen würde. Mendel dankt Gott für die Möglichkeit, heimzukehren oder Menuchim nach New York zu bringen.

Kapitel XI (119–125): Mendels Lebensweise – Der Kriegsausbruch

Vor den schrecklichen Ereignissen, die Mendel Singer treffen, berichtet der Erzähler von einer Phase fast harmonischer Lebensweise. Mendel hat sich mit dem Leben in Amerika abgefunden. Er erkennt die völlige Entfremdung von seiner Frau. Der Erzähler berichtet von den engen, unsauberen Wohnverhältnissen der Familie. Mendel will aber nicht in ein besseres Viertel ziehen, wie ihm seine Kinder empfehlen, weil er vor Gott nicht übermütig erscheinen will.

Mendel hat Sehnsucht nach der russischen Heimat. Seine Hoffnung ist nach wie vor, Menuchim wiederzusehen. Sein Wunsch scheint sich zu erfüllen, denn Mac will Menuchim holen. Der Ausbruch des Ersten Weltkrieges 1914 verhindert jedoch dieses Vorhaben. Er ist gewissermaßen das erregende Moment, denn der Krieg hat für die Familie schreckliche Auswirkungen. Die Kinder versuchen die Gefahr zu bagatellisieren, aber Mendels Befürchtungen bleiben.

18 2. INHALT UND AUFBAU

Kapitel XII (126–132): Der Krieg – Sams und Deborahs Tod

In diesem Kapitel berichtet der Erzähler in gedrängter Kürze von drei schrecklichen Schicksalsschlägen, »Hiobsbotschaften«, die Mendel treffen.

- Vom Roten Kreuz erhält er die Nachricht, dass sein Sohn Jonas verschollen sei. Er befürchtet seinen Tod.
- Schemarjah, der sich freiwillig zur amerikanischen Armee gemeldet hat, fällt.
- Deborah bricht nach dieser Nachricht tot zusammen.

Kapitel XIII (133–147): Mirjams Wahnsinn – Mendels Bruch mit Gott – Gespräche mit Freunden

Das umfangreiche 13. Kapitel, das »Hiob«-Kapitel, enthält den Tiefpunkt von Mendels Schicksal: Mirjam wird wahnsinnig und muss in eine Anstalt gebracht werden. Mendel bereut erneut, die Heimat und Menuchim verlassen zu haben. Die Schicksalsschläge haben seinen Glauben an Gott zerstört. Er erkennt seine Einsamkeit, empfindet Reue wegen des Verhaltens seiner Frau gegenüber und stellt die Frage, warum ausgerechnet er so leiden muss.

Im Gespräch mit seinen Freunden verstärkt er seine Gottesanklage und betont seinen Bruch mit Gott, weil dieser ungerecht sei und nur die Schwachen bestrafe. Sie erinnern ihn an den biblischen Hiob, wollen ihn trösten und sagen ihm, dass sowohl Jonas als auch Menuchim vielleicht am Leben seien und Mendel sie nach dem Krieg wiedersehen könnte. Aber ihre Argumente können Mendel nicht überzeugen.

2. INHALT UND AUFBAU **19**

Kapitel XIV (148–157): Mendels gottfernes Leben – »Menuchims Lied«

In einem kurzen Kapitel berichtet der Erzähler zusammenfassend vom neuen Leben Mendel Singers. Seine Freunde bringen ihn in einer Hinterstube der befreundeten Familie Skowronnek unter. Sie sehen in ihm einen Auserwählten, der an seinem Beispiel die grausame Gewalt Jehovas vorführt, bemitleiden ihn wegen seines schlimmen Schicksals und bewundern ihn wegen seiner kompromisslosen Haltung.

Er beharrt auf seinem Bruch mit Gott, betet nicht mehr und legt keinen Wert mehr auf seine Gebetsutensilien. Am religiösen Leben der Gemeinde nimmt er nicht länger teil und gibt sich als Person auf. Seine Gleichgültigkeit dem täglichen Leben gegenüber äußert sich darin, dass er kein Interesse an den politischen Ereignissen zeigt. Ebenso interessiert ihn die Hochzeit seiner Schwiegertochter mit Mac kaum, und er bleibt auch gegenüber Mirjams unverändert schlechtem Zustand gleichgültig.

Am Ende des Krieges findet Mendel in einem Schallplattengeschäft eine Platte mit einem Lied, das ihn innerlich berührt. Es heißt »Menuchims Lied« und erinnert ihn an seinen zurückgebliebenen Sohn.

Kapitel XV (157–182): Vorbereitungen auf Ostern – Der Osterabend – Der Besucher

Im umfangreichsten Kapitel des Romans, dem »Wunder-Kapitel«, berichtet der Erzähler ein unglaubliches Ereignis: Der genesene Menuchim findet seinen Vater wieder. Das Kapitel gliedert sich in zwei Hauptteile:

20 2. INHALT UND AUFBAU

- Im **ersten Teil** (157–170) bereitet der Erzähler das folgende wundersame Geschehen vor. Er beschreibt Mendels Hoffnung auf eine Rückkehr in die Heimat und die Vorbereitungen des Osterabends.
- Im **zweiten Teil** (170–182) wird der Höhepunkt des Geschehens dargestellt, das »Wunder«: Menuchim kommt und holt seinen Vater zu sich, der sich wieder mit Gott versöhnt.

1. Teil. Im Frühling finden überall die Vorbereitungen für das Oster- bzw. Pessach-Fest statt. Mendel ist ruhiger und ausgeglichener geworden, obwohl er von der Frau seines Freundes Skowronnek schikaniert wird. Mit Hilfe von Deborahs Ersparnissen will er zurück nach Russland, zu Menuchim. Am folgenden Tag erzählt ihm sein Nachfolger in der alten Wohnung, dass er in einem ergreifenden Konzert gewesen sei, wobei am Schluss »Menuchims Lied« gespielt wurde. Kossak, der Kapellmeister des Orchesters, stamme aus Mendels Heimatort Zuchnow, habe nach Mendel Singer gefragt und wolle mit ihm sprechen.

Obwohl Mendel der Name Kossak bekannt ist, weil dies der Mädchenname seiner Frau war, will er keinen Kontakt zu ihm aufnehmen. Er befürchtet, dass dieser Mann ihm unangenehme Dinge aus seiner russischen Heimat berichten würde.

Die Familie Skowronnek lädt Mendel zum Osterabend mit den Freunden ein. Der Erzähler schildert ausführlich die jüdischen Osterbräuche sowie ihre historische und besonders religiöse Bedeutung. Mendel erinnert sich an die Osterfeiern in der russischen Heimat und denkt wieder an Menuchim.

2. Teil. Während des Festes klopft ein Fremder an und bittet um Einlass. Es ist der erwähnte Kossak, der Mendel sprechen will und eingeladen wird, an der Feier teilzunehmen. Nach ihrem Ende berichtet Kossak aus der Heimat. Er hat Mendels Haus gekauft und 300 Dollar für ihn mitgebracht. Dann erzählt er seine Lebensgeschichte: Er ist Sohn eines armen Lehrers, war lange krank, wurde dann geheilt und entdeckte sein Talent als Komponist und Dirigent.

Der Erzähler verlangsamt zuerst das Erzähltempo und berichtet von der Reaktion der Anwesenden auf den fremden Gast. Dann steigert er es: Skowronnek fragt nach »Menuchims Lied« und spricht kurz über das traurige Schicksal der Familie Singer. Anschließend erkundigt er sich nach dem Schicksal von Mendels jüngstem Sohn Menuchim. Kossaks Antwort, dieser lebe, versetzt Mendel Singer in einen außerordentlichen Erregungszustand. Als der Fremde dann enthüllt, dass er selbst Menuchim sei, verliert Mendel völlig die Fassung und kniet vor seinem Sohn nieder. Dieser hebt seinen Vater nach einer Phase der allgemeinen Rührung auf. Beide haben sich wiedergefunden, und die Prophezeiung des Wunderrabbis hat sich erfüllt. Menuchim ist gesund und berühmt geworden. Jetzt versöhnt sich Mendel wieder mit Gott.

Kapitel XVI (182–188)**: Fahrt mit dem Sohn – Erinnerungen – Glück**

Der Erzähler fügt der Geschichte vom Wunder des Wiedersehens ein Kapitel an, in dem Mendel – und der Leser – Auskunft über Menuchims Vergangenheit erhält und Mendels neue Sicht der Dinge deutlich wird.

Nach der Fahrt in Menuchims Hotel verändert sich Mendels Wahrnehmung der Wirklichkeit grundlegend. Die Lichter der großen Stadt sind für ihn Zeichen für das Glück, das ihm Gott beschieden hat. Menuchim erinnert sich an Ereignisse seiner Kindheit und an seine Sensibilität für Geräusche und Töne. Er erzählt von einem großen Brand, aus dem er sich mit knapper Not retten konnte. Durch diesen Schock sei seine musikalische Begabung plötzlich deutlich geworden.

Mendel macht sich Vorwürfe, ein schlechter Vater gewesen zu sein. Menuchim gibt ihm Hoffnung, Mirjam könne durch ärztliche Behandlung wieder gesund werden, vielleicht in Europa. Er will sie dorthin mitnehmen. Am anderen Tag fahren Sohn und Vater ans Meer. Das Erlebnis des schönen Frühlingstages lässt Mendel glauben, dass er Jonas wiedersehen und dass Mirjam wieder gesund wird. Der Roman endet mit einem fast märchenhaften Bild vom Glückszustand Mendels, der sich jetzt in Übereinstimmung mit sich und der göttlichen Weltordnung fühlt.

3. Personen

Um die Familie **Singer** herum gruppieren sich Personen, die mit ihr zu tun haben und von denen sie oft abhängig ist: Dies sind in Russland der **Wunderrabbi**, den Deborah aufsucht, der Fuhrmann **Sameschkin**, mit dem sie zweimal fährt, der zwielichtige Fluchthelfer **Kapturak**, die junge Familie **Billes**, die Menuchims Pflege übernimmt, und die **Beamten**, die Mendel auf dem Amt schikanieren und demütigen.

In Amerika sind es Schemarjahs Freund und Partner **Mac**, der dessen Witwe heiratet, der Geschäftsführer **Glück**, der ein Verhältnis mit Mirjam hat, Mendels Freunde, darunter **Skowronnek**, der ihn bei sich aufnimmt, und dessen Frau, die Mendel schlecht behandelt. Die Personen sind einerseits als **Individuen** gezeichnet, andererseits verkörpern sie als **Typen** bestimmte Einstellungen, besonders die Mitglieder der Familie **Singer**.

Mendel Singer – der »Gerechte«

Mendel in Russland

Die Hauptperson Mendel Singer wird als ein »ganz alltäglicher Jude« beschrieben, der »fromm, gottesfürchtig und gewöhnlich« ist und dessen Leben gleichmäßig dahinläuft. Der Erzähler erkennt ihm nicht ohne Ironie das Attribut »der Gerechte« zu, der »vor keiner Strafe Gottes« flieht (11). Mendel ist ein Lehrer der von den Ostjuden als *chejder* (d. h. Stube) bezeichneten Elementarschule für Jungen von

24 3. PERSONEN

vier bis zehn Jahren. Er unterrichtet sie in seiner engen Wohnung in den Grundkenntnissen des Hebräischen und der Bibel, insbesondere der Thora. Die Unterrichtsmethode besteht weitgehend aus dem Lesen und Auswendiglernen der Textstellen (vgl. 19).

Wenn Deborah ihren Mann als »**Lehrer**«, beschimpft, der Kinder unterrichtet, die bei ihm ihre »ganze Dummheit« ließen (39), dann versteht der deutsche Leser diese Missachtung des Lehrerberufs nicht. Aber »Lehrer« ist eine Übersetzung des jüdisch-hebräischen Wortes *Melamed*. Obwohl der Melamed für die jüdische Gesellschaft unverzichtbar ist wegen seiner Aufgabe, die religiöse Tradition des Ostjudentums der nachfolgenden Generation zu vermitteln, schätzt sie dessen Tätigkeit gering ein, weil Wissen nicht für Geld vermittelt werden soll. In der Welt des jüdischen **Schtetls** ist der Melamed auf der untersten Sprosse der sozialen Leiter angesiedelt. Er ist ein missachteter Hungerleider, ein geistiger Proletarier.

Lehrer und Melamed

Roth meint diesen jüdischen Melamed und nicht den deutschen Lehrer unterer Schulklassen. So versteht man, warum Mendels Frau unzufrieden ist, warum seine Kinder unter dem Status des Vaters leiden müssen und weshalb sein Schicksal durch einen behinderten Sohn unerträglich wird.

Mendels schlecht bezahlte Tätigkeit ist für ihn nicht nur kärglicher Broterwerb, sondern vor allem Gottesnähe durch Gebet und Schriftlesung. Sein gesamtes Leben wird durch rituelle Handlungen bestimmt: Er hält die täglichen Gebetszeiten genau ein, geht regelmäßig in die Synagoge, feiert mit seiner Familie den Sabbat und fastet, wenn er Gottes Hilfe bei einem Problem erflehen will (vgl. 13).

Lebensführung und Erscheinung

3. PERSONEN 25

Dazu passt seine Erscheinung (Bart, Mütze, Kaftan, Lederstiefel), an der sich auch nach der Auswanderung nichts ändert. Als gläubiger Thora-Jude hat er eine archaische Vorstellung von Gott, der ständig nach Vergehen der Gläubigen sucht, um sie zu ahnden. Seine von der Tradition geprägte Vaterrolle nimmt er an. Wie Gott ein strenger Herr ist, so ist Mendel besonders für seine Söhne ein strenger und zuweilen jähzorniger Vater (vgl. 8, 18).

Mendels Frömmigkeit

Mendel lebt ständig in einem Gefühl heiliger Scheu und totaler Abhängigkeit von der überwältigenden Größe und der Strenge Gottes. Sein Gehorsam ihm gegenüber und seine Thoratreue verbieten ihm auch die Behandlung seines Sohns Menuchim im Krankenhaus, also die weltliche Chance zur Heilung zu ergreifen. Wenn Gott will, so meint Mendel, kann er seinen Sohn heilen, wenn er nicht will, kann dies ein Krankenhaus auch nicht erreichen. Außerdem will er als strenggläubiger Jude sein Kind nicht in einem Hospital unterbringen und so nicht-jüdischem Einfluss aussetzen.

Diese Frömmigkeit macht es ihm möglich, Leid klaglos zu ertragen. Er akzeptiert in seiner fatalistischen Haltung, dass es Arme und Reiche in der Welt gibt und dass es den Armen schlecht geht (vgl. 38). An Kritik und Auflehnung denkt er nicht. Man muss seiner Meinung nach sich in den »Willen des Himmels« ergeben (38). In der ungerechten Ordnung der Welt sieht er die Unbegreiflichkeit von Gottes Handeln.

Mendel fühlt sich durch diese enge Beziehung zu Gott im Glauben geborgen. Aber sie führt ihn in ein distanziertes Verhältnis zur Gesellschaft und besonders zur Staatsgewalt. Ihr gegenüber verhält er sich hilflos und unterwürfig. Als frommer Jude ist er gesellschaftlicher Außenseiter in

26 3. PERSONEN

einer oft feindlichen Umwelt. So erträgt er seine Demüti-
gung durch die Beamten der russischen Passbehörde (vgl.
75 ff.), ohne dass er sich beschwert oder etwa aufbegehrt.

Mendel in Amerika

Glück und Unglück. Als Grund für die Emigration gibt der
Erzähler Mendels Angst vor dem sicheren
Untergang seiner Tochter Mirjam in der Welt
der russischen Kosaken an (vgl. 67, 145). Deren Reiterregimenter bedeuten im Bewusstsein der Juden wegen zahlreicher Pogrome in der Vergangenheit Verfolgung und Vernichtung. Deshalb trifft Mendel
selbstständig die Entscheidung zur Auswanderung, obwohl
er Menuchim zurücklassen muss. Er erkennt klar das Dilemma (vgl. 83). Einen Ausweg sieht er nur in der vagen
Hoffnung, dass Menuchim einmal gesund wird und nachge-
holt werden kann.

Grund für die Emigration

Mendel scheint nicht zu erkennen, dass ihn in Amerika
die gleichen Probleme erwarten. In Russland
vermeidet er Anpassung an das Gastvolk, in
Amerika will er sich im Gegensatz zu seiner
Frau und seinen Kindern Sam und Mirjam
auch nicht mit der fremden Kultur auseinander setzen. Wie
die verlassene ostjüdische macht ihm auch die amerikanische Lebensweise sein traditionsgebundenes Leben schwer.
Der Erzähler stellt fest: »Amerika zerbrach ihn, Amerika
zerschmetterte ihn« (103).

Probleme in Amerika

In der neuen Welt haben seine familiären Beziehungen
keine Grundlage mehr. Er gerät in eine Identitätskrise
und fragt sich, ob seine Familie ihn noch etwas anginge

3. PERSONEN 27

(vgl. 104). Aber er hält an seinen religiösen Überzeugungen fest, verrichtet die vorgeschriebenen Gebete und behält sogar in der Zeit seines Streites mit Gott seine orthodoxe Kleidung bei (vgl. 113). Auf die Vorwürfe seiner Frau, er würde sich nicht genug anpassen, antwortet er: »Ich bin ein russischer Jude« (130).

Mendel entfremdet sich immer mehr Deborah. Begonnen hat dieser Prozess, als sie sich in ihrer russischen Heimat vor dem Spiegel ihres körperlichen Verfalls bewusst wird und er ihr dabei zusieht (vgl. 22 f.). Sie wird ihm »fremd« (61),

> Entfremdung
> von Deborah

und er vergleicht sie sogar mit einer »Krankheit […], mit der man Tag und Nacht verbunden ist« (40). In New York schläft er in einem anderen Zimmer der Wohnung als sie, eine unübliche Situation für ein jüdisches Ehepaar.

Einsamkeit und Selbstentfremdung verlassen Mendel in New York nicht mehr, auch wenn er dort vorübergehend Phasen der Zufriedenheit und sogar des Glücks erlebt. Der Erzähler behauptet zwar, dass er in New York »nach einigen Monaten zu Hause war« (107), fügt aber hinzu: »ja, er war beinahe heimisch in Amerika« (107).

> Verhältnis zu
> den Kindern

Dabei versucht Mendel sich nun umzustellen. Er bewundert seine Kinder (vgl. 110, 112) und glaubt am Ende selbst an die amerikanischen Klischeevorstellungen einer fortschrittlichen neuen Welt (vgl. 120). In seinem Verhältnis zu Mirjam vollzieht sich ein Wandel. Er, der seinen Sohn Menuchim in Russland zurücklässt, um seine Tochter dort vor sittlichem Verfall zu bewahren, muss sie in New York uneingeschränkter Freiheit überlassen. Auch das Anpassungsverhalten seines Sohnes und anderer amerikanischer Juden hält er für »wahrscheinlich […] richtig«, denn, so meint er,

28 3. PERSONEN

»Amerika war ein Vaterland« (128) – im Gegensatz zu Russland.

Das Problem Menuchim schiebt er immer vor sich her.

Problem Menuchim Die Erfüllung von Deborahs mehrfachem Wunsch, ihn zu sich zu nehmen, macht er von dessen Gesundung abhängig (vgl. 111). Den Brief der Familie Billes, der von Fortschritten in seiner Genesung berichtet, sieht er als Bestätigung seiner Haltung an (vgl. 116). Er ist glücklich in dem Gedanken, er und seine Familie stünden jetzt auf der Seite derer, denen Gott gnädig ist (vgl. 119). Allerdings will er »nicht übermütig werden«, weil man »Gottes Zorn« nicht hervorrufen dürfe (vgl. 122). Er hat Recht: Gottes Gnade und Zorn liegen dicht beieinander: Als Mac schon für Mendel die Schiffskarte nach Europa hat und sie zu Menuchim fahren könnten, bricht der Erste Weltkrieg aus (vgl. 124).

Mendel ändert sein Verhalten nach dem Ausbruch des Krieges. Er wirft sich vor, zu passiv gewesen zu sein. Er hätte Schemarjah nicht in den Krieg ziehen lassen dürfen (vgl. 128), und er erkennt, dass gerade seine Ergebenheit gegenüber Gott sein Handeln verhindert hat. Auf die Schicksalsschläge reagiert er mit erstaunlicher Gleichgültigkeit (vgl. 130, 133 f.) Diese gezwungene Ruhe ist der letzte Versuch, sich entsprechend seinem bisherigen Gottesverständnis zu verhalten und alle Unglücksfälle als von Gott geschickt anzusehen und anzunehmen.

Nach Deborahs Tod gerät Mendel in eine Situation erneuten Identitätsverlustes (vgl. 134). Amerika hat

Identitätsverlust seine Familie »getötet« (134). Auch in diesem Land ist es seiner jetzigen Meinung nach den Juden nicht möglich, ein Leben zu führen, das durch Einhaltung der Gesetze den Namen Gottes heiligt. Nachdem er seine kranke Tochter in ihrer Zelle besucht hat, ist er durch diesen Schock »ein anderer Mendel« (139) geworden. Der Schmerz darüber, dass gerade ihn alle Schicksalsschläge treffen, löscht seine bisherige Identität aus (vgl. 141). Mendel sieht keine Verhältnismäßigkeit mehr zwischen möglicher schuldhafter Tat oder sündhaftem Verhalten und den Schicksalsschlägen, die er erleiden muss. Deshalb lehnt er sich gegen Gott auf und verweigert die Einhaltung der Gebote und Vorschriften.

Mendel verändert sich: Im Gespräch mit seinen Freunden argumentiert er selbstsicher, klar und klug. Er kümmert sich um seine Schwiegertochter Vega. Sie soll wieder heiraten, und zwar den vermutlichen Nicht-Juden Mac, dessen Ehe mit Mirjam er bisher schweigend verhindert zu haben scheint (vgl. 123 f.). Diesen Sinneswandel vom orthodoxen Juden zu einer liberalen Haltung begründet er damit, dass er durch den Schmerz endlich »klug geworden« und kein »törichter Lehrer« mehr sei (139 f.). Wenn Gott ihm schon nicht helfe, dann wolle er wenigstens anderen helfen.

> Verhaltens-
> änderung

Mendel hasst den brutalen Gott und will die Symbole seiner jüdischen Identität, Gebetriemen, Gebetmantel und Gebetbücher, verbrennen, er tut es aber nicht (vgl. 141): ein Zeichen, dass er nicht von Gott abfällt. Er will ihn durch Verweigerung »ärgern« (148), betet nicht mehr mit den anderen (vgl. 147) und sündigt bewusst: Er isst Schweinefleisch und lässt sich seine Anwesenheit beim gemeinsamen Gebet als notwendiger zehnter Mann bezahlen. In seinem Elend hat er Klarheit und Freiheit gewonnen, sodass er ein neues Leben beginnen zu können glaubt (vgl. 142).

> Gotteshass

Mendels Versöhnung mit Gott. Mendel hebt sich durch

30 3. PERSONEN

sein Leid und »durch den Kampf, den er gegen den Himmel führte« (148), aus der Menge seiner Glaubensgenossen heraus (vgl. 149). Stellvertretend für sie alle ist er dem unbegreifbaren Walten ihres harten Gottes ausgesetzt (vgl. 148). Aber er will die Brücke zu Gott und auch zur Tradition trotzdem nicht abbrechen.

Mendel stellt sich in den Dienst der Gemeinschaft und hilft seinen Nachbarn bei der Erledigung ihrer alltäglichen Angelegenheiten. Die politische Welt interessiert ihn nicht mehr, denn sie ist für ihn und seine Familie tödlich gewesen. Jetzt erlaubt er sich das bescheidene Vergnügen, Lieder von Schallplatten zu hören, und wird auch dadurch »ein anderer Mensch« (159).

Wende

Das Ende des Krieges bringt die Wende. Die Prophezeiung des Wunderrabbis bewahrheitet sich: Der totgeglaubte Krüppel Menuchim ist gesund und berühmt geworden und kommt zu seinem Vater. Mendel söhnt sich mit Gott aus. Er hat dessen unbegreifliche Güte erfahren.

Deborah – die Unzufriedene

Wesen und Verhalten

Roths Darstellung der Deborah ist ambivalent. Einerseits zeichnet er sie als willensstarke, tüchtige, selbstbewusste, lebenspraktische Frau, die ihren zu geduldigen Mann zum Handeln drängt, andererseits als ständig unzufriedene, furienhafte Nörglerin, die ihn demütigt und verachtet.

Aktivismus und Unzufriedenheit

Mendel glaubt, dass nichts geschieht, was nicht dem Willen

Gottes entspricht, sie stellt sich den täglichen Problemen und den Schicksalsschlägen handelnd entgegen. Ihr Grundsatz ist: »Der Mensch muß sich zu helfen suchen, und Gott wird ihm helfen« (39). Ihres Mannes Gottergebenheit ist für sie Lethargie, die sie nicht mehr ertragen kann. Als beide Söhne zum russischen Militärdienst müssen, wirft sie ihm in Gegenwart der Kinder Versagen vor (vgl. 36). Ihre Neidgefühle den Wohlhabenden gegenüber (vgl. 8) sowie ihr ständiges Klagen über ihre wirtschaftlichen Schwierigkeiten sowohl in Russland als auch in Amerika (vgl. 8, 111) machen deutlich, dass sie mit ihrem kärglichen Leben an Mendels Seite und mit der damit verbundenen Unmöglichkeit, sozial aufzusteigen, zutiefst unzufrieden ist (vgl. 8, 29).

Im Gegensatz zu ihrem Mann würde sie ihren Sohn Menuchim gern in ein Krankenhaus geben, weil ihr der russische Arzt Hoffnung auf seine Heilung macht (vgl. 12). Sie scheut sich auch nicht, an russische Bürger heranzutreten, wenn sie sie braucht und sich Vorteile für ihre Familie erhofft. So kämpft sie sich zum Wunderrabbi vor (vgl. 17), verhandelt hart mit Kapturak, um ihren Sohn Schemarjah vor dem Militärdienst zu retten (vgl. 44 f.), und feilscht mit dem Fuhrmann Sameschkin um den Fahrpreis (vgl. 69).

Deborahs Aktivismus ist mit einem ausgeprägten, durch die Armut begründeten Sparwillen verbunden, der die Familie belastet. So zweigt sie sowohl in Zuchnow als auch in New York von Mendels geringem Einkommen Geld ab und versteckt es. Damit bezahlt sie ihre Fahrt zum Wunderrabbi und ermöglicht Shemarjahs Flucht aus Russland. Für Mendel ist ihr eiserner Sparwille »Sünde« (123), aber ihr Geld bietet ihm die Möglichkeit zur Rückkehr nach Europa.

Deborahs Dynamik entspricht ihrer Naturhaftigkeit und

32 3. PERSONEN

robusten Körperlichkeit (vgl. 9). Das Nachlassen ihrer sexu-

Körperlichkeit

ellen Ausstrahlung (vgl. 10, 104) führt sie in eine Existenzkrise. Als sie im Spiegel das Bild ihres Körpers sieht, der keine sinnlichen Reize mehr hat (vgl. 22 ff.), lähmt diese Erkenntnis ihre Vitalität. Von nun an leben sie und ihr Mann immer mehr ohne Berührungspunkte nebeneinander her, wobei ihre Gleichgültigkeit Mendel gegenüber zeitweise in Verachtung umschlägt (vgl. 39).

Die Umsiedlung nach Amerika verkraftet Deborah ohne Mühe. Im Gegensatz zu ihrem Mann, dem sie immer noch mit Gleichgültigkeit und Boshaftigkeit begegnet, ist sie zur Assimilation bereit. Sie genießt die neue Freiheit, ist unternehmungslustig, allem Neuen zugetan, geht ins Kino, ins Theater und kleidet sich so, dass sie ihren orthodoxen Mann »an eines der Lustweiber« (108) aus der Bibel erinnert.

Verhältnis zu den Kindern

Deborahs Selbstverständnis und Selbstgefühl sind von Anfang an auf das Glück ihrer Kinder fixiert, für die sie sich rückhaltlos einsetzt. So tut sie alles, um die beiden älteren Söhne vor dem Militärdienst zu retten. Als Schemarjah im Krieg stirbt, sieht sie in ihrem Leben keinen Sinn mehr, und sie stirbt ebenfalls nach einem schrecklichen Gefühlsausbruch (vgl. 132).

Nicht nur das Älterwerden, sondern vor allem Menu-

Verhältnis zu Menuchim

chims Krankheit verändert Deborahs Verhältnis zu Mann und Kindern. Sie weiß nach Menuchims Geburt, dass sie »ein Unglück« (27) in ihrem Schoß getragen hat, welches das Ende ihres Lebensglücks bedeutet, aber sie kümmert sich

3. PERSONEN   **33**

hauptsächlich um ihn und vernachlässigt die übrigen Geschwister (vgl. 25), die sich dadurch zurückgesetzt fühlen.

Beim Abschied von Menuchim gerät Deborah völlig außer Fassung (vgl. 94 f.). Auch in Amerika denkt sie ständig an ihren kranken Sohn und hat ein schlechtes Gewissen, weil sie ihn trotz der Mahnung des Wunderrabbis zurückgelassen hat (vgl. 110 f.). Sie tröstet sich immer mit dem Gedanken, wieder »heimkehren« (111) zu können.

Deborah beneidet ihre Tochter Mirjam um ihre Schönheit und um ihren starken Willen, sich über Konventionen hinwegzusetzen und ihre Sinnlichkeit auszuleben. Vor dem Hintergrund ihrer deprimierenden Situation erinnert sie sich an ihre eigene Jugend, als sie auch einmal so schön gewesen war und vielleicht Lebensmöglichkeiten gehabt hatte, die sie nicht genutzt hat (vgl. 85). Mirjams Verhältnis mit Kosaken sieht sie ebenfalls unter diesem Gesichtspunkt. Als ihre Tochter ihr sagt, sie wolle nicht durch Heirat in die gleiche armselige Lebenssituation wie ihre Mutter geraten, fühlt Deborah, »daß sie ihrer Tochter recht geben mußte«, denn »sie selbst sprach aus ihrer Tochter«. Deshalb hat sie »vor sich selbst Angst« (87).

> *Verhältnis zu Mirjam*

Religiöse Einstellung

Aus Mendels religiöser Haltung resultieren seine fatalistische Lebenseinstellung, aus Deborahs Gottesverständnis ihr Aktivismus und ihre lebenspraktische Tüchtigkeit. Mendel vertritt mit seinem streng auf die biblischen Schriften und auf die Erfüllung der Vorschriften ausgerichteten Glauben das **orthodoxe Judentum**. Sein täglicher Umgang mit der Thora und den Psalmen bringt ihn in

34 3. PERSONEN

ein unmittelbares und lebendiges Verhältnis zu Gottes Wort. Deshalb braucht er »keinen Vermittler zum Herrn« (84) wie z. B. den Wunderrabbi (vgl. 18).

Deborahs praktisch ausgerichteter Glaube und ihr Vertrauen auf den Wunderrabbi macht sie zur Vertreterin des **Chassidismus**, einer religiösen Bewegung, die in der in der Mitte des 18. Jahrhunderts entstand und eine mystische, gefühlsbetonte jüdische Volksfrömmigkeit entwickelte. Der Wunderrabbi, zu dem Deborah fährt, ist ein »Zaddik« (ein Gerechter), der zwischen den Frommen und Gott vermittelt und als Weiser, als Ratgeber verehrt wird. Beide religiöse Richtungen haben Probleme miteinander, ebenso wie Mendel mit Deborah: »Der wirkliche Grund für die Entfremdung zwischen Mendel und Deborah ist [...] Deborahs innere Auflehnung gegen Mendels Orthodoxie und ihr eigener Wille zur Assimilierung.«[2] Aber ihre Assimilierung misslingt, der Tod ist Zeichen für ihr Scheitern.

Chassidismus

Die Kinder – Formen der Anpassung

Die Kinder stehen für Formen der Anpassung, die seit dem Ende des 19. Jahrhunderts weite Kreise der Ostjuden erfassten. Ihre Assimilation verläuft negativ, denn sie sind verschollen (Jonas), sterben (Schemarjah) oder werden krank (Mirjam).

Grund für die Lösung von Mendel Singers Kindern aus dem Familienverband und für die Assimilation an ihre neue Umwelt sind die Notlage der Familie und die Enge des Elternhauses, worin sie – besonders Mirjam – ihre Bedürf-

Gründe für Assimilation

nisse und Neigungen nicht verwirklichen zu können glauben. Die beiden ältesten Söhne wachsen in der Familie ohne Streit auf, gerade weil sie so verschieden sind (vgl. 20): »Jonas, der ältere, war stark wie ein Bär, Schemarjah, der jüngere, war schlau wie ein Fuchs« (19, vgl. 27).

> Als beide Brüder einberufen werden, beginnen sich ihre Lebenswege zu trennen. Sie sind bereit, die Tradition zu verlassen und sich an andere Umgebungen und Lebensweisen anzupassen. Dies geschieht ohne inneren Kampf und ohne Zögern. Dieses Verhalten zeigt, dass der Zerfall von Mendels Familie schon so weit fortgeschritten ist, dass die Söhne die Bindung an das Judentum aufgeben.

Jonas – der »Bär«

> Mendels ältester Sohn **Jonas** löst sich bewusst von seinem Elternhaus und seiner jüdischen Herkunft.
> Er will sich nicht nur an seine russische Umwelt anpassen, sondern sogar sein Judentum verleugnen. Auf der Heimfahrt von der

Anpassung an Russland

Musterung lässt er sich von den derben Späßen der russischen Bauern beeindrucken, setzt sich über jüdische Vorschriften hinweg und trinkt den gefürchteten Branntwein, für die Juden »der Vorbote unbegreiflicher Leidenschaften und der Begleiter der Pogromstimmungen« (43), bis er betrunken ist. Doch mit dem Ziel, Bauer zu sein, ist es ihm nicht ernst. Er will zu den Soldaten, obwohl er wegen der Gefahr der Assimilierung sich vor »dem Dienst retten« (28) müsste, und zum Leidwesen seiner Eltern, die ihn deshalb als einen »Verlorenen« (46) betrachten, ausgerechnet zu den Kosaken.

Jonas stellt keine hohen Ansprüche an das Leben. Bei den Soldaten sieht er sie erfüllt und kann seiner Leidenschaft für Pferde nachgehen. Noch vor seinem Einrücken zum Militär

36 3. PERSONEN

verlässt er sein unfriedliches und enges Elternhaus und arbeitet als Pferdeknecht. Sein Brief an die Eltern in Amerika zeigt, dass er als Soldat zufrieden ist und sich der russischen Mentalität angepasst hat. Er bleibt auch nach seinem Pflichtdienst noch freiwillig in der russischen Armee (vgl. 117). Ihm ist es gleichgültig, dass er sich mit dieser Entscheidung gegen seine jüdische Herkunft versündigt.

Mendel nennt seinen Sohn »nicht ohne Verachtung, aber auch nicht ohne Stolz«, »seine[n] Kosaken« (90). Der Erzähler lässt Jonas' Schicksal im Ersten Weltkrieg offen. Menuchim will gehört haben, dass er lebt und in der Armee der russischen Weißgardisten kämpft (vgl. 174 f.).

Schemarjah – der »Fuchs«

Jonas trennen Welten von seinem jüngeren Bruder **Schemarjah**. Dieser fühlt sich zwar noch der Tradition seines Vaters verbunden und bekennt sich dazu (vgl. 28), aber er will kein Lehrer sein, sondern »lieber ein reicher Mann [...] und das Leben sehen« (30). Bei seiner gefährlichen Flucht ins Ausland handelt er aus einem neuen, von der ostjüdischen Tradition abgelösten Lebensgefühl heraus. Schemarjah gibt seine jüdische Identität weitgehend auf und gliedert sich in den »American way of life« ein. Er

Amerikanisierung

»schuf sich gerne eine Gelegenheit, den Abstand zu betonen, der ihn von den Sitten seiner Heimat trennte« (112), wie der Erzähler feststellt. Schemarjah richtet sich nicht nach den jüdischen Vorschriften, wenn sie seiner Karriere hinderlich sind. Wie für Mendels vier Freunde, so gilt auch für ihn: »sie arbeiteten am Sabbat, ihr Sinn stand nach Geld [...]. Viele Bräuche hatten sie vergessen, gegen manche Gesetze hatten sie verstoßen« (143). Er kleidet sich westlich, heiratet eine Amerikanerin, erzieht seine Kinder nicht im Sinne der jüdischen Tradition und gibt seinem Sohn einen amerikanische Namen (vgl. 54). Er verkehrt mit nicht-jüdischen Freunden und verwendet gern Anglizismen und umgangssprachliche Wendungen.

So wächst er schnell in die liberale amerikanische Gesellschaft hinein und verschafft sich mit Hilfe seines amerikanischen Freundes Mac eine gute wirtschaftliche Ausgangsbasis. Zeichen für diese Anpassung und neue Identität ist der Wechsel seines Namens. Vielleicht könnte man seinen ausgeprägten Familiensinn als ihm verbliebene jüdische Verhaltensweise sehen. Er vergisst seine Angehörigen in Russland nicht, kümmert sich um seine Eltern und seine Schwester, ermöglicht ihnen die Ausreise und unterstützt sie in New York.

Schemarjah verkörpert den Typus des emigrationswilligen, assimilationsbereiten Juden (12) und entwickelt sich zu einem amerikanischen Patrioten, der ohne Zögern freiwillig in den Krieg zieht und für die Demokratie sein Leben einsetzt. Aber Amerika wird ihm zum »tödliche[n] Vaterland«, wie Mendel feststellt. Sein Tod ist die extreme Form seiner erfolgreichen Anpassung und kann als »Kritik Joseph Roths an dieser Art der Assimilation«[3] gesehen werden.

Mirjam – die »Gazelle«

Mirjams Motive des Ausbruchs aus der Enge des Familienlebens sind anderer Art. Sie will ihre Triebhaftigkeit ausleben und sucht sexuelle Befriedigung. Die »junge Gazelle« (26 f.) durchbricht zum ersten Mal die jüdischen Normen, als sie zum Entsetzen ihrer schwangeren Mutter in eine christliche Kirche geht, angelockt von deren sinnlicher Pracht (vgl. 26). Deborah führt Menuchims Krankheit auf diesen Vorfall zurück, denn nach den Vorstellungen der Ostjuden bringt es Unglück, eine Kirche zu betreten.

Rücksichtslos wendet sich Mirjam gegen ihren kranken Bruder (vgl. 21). Die Härte, mit der sie von ihm und ihrem Vater spricht (vgl. 85 f.), erschreckt den Leser. Sie hasst ihren Vater als Oberhaupt der Familie und als Vertreter des orthodoxen Judentums. Ihre Eltern wünscht sie tot und begraben (vgl. 72).

Verhalten gegenüber der Familie

Mirjam definiert sich nur über die Männer (vgl. 72). Ihr Verhalten trägt krankhafte, nymphomane Züge. Sie ist nicht frei, sondern von ihrem sexuellen Drang getrieben (vgl. 87). Mendel erkennt in New York erschüttert: »sie hat ohne Männer nicht leben können, sie ist verrückt« (135). Das existenzielle Problem besteht jedoch für ihn darin, dass sie sich ihre Geliebten nicht unter den jüdischen Männern sucht, sondern dass sie **Kosaken** liebt (vgl. 67). Durch diesen Umgang fühlt Mendel sich und seine Familie in ihrer jüdischen Identität bedroht.

Männer

Mendels Entschluss, nach Amerika zu fahren, ist zu Mirjams Rettung gedacht, weil es dort, wie er meint, »keine Kosaken gibt« (68). In Amerika wird der Begriff zu einer Metapher für die verführerische Welt der Nicht-Juden, für das bedrohlich Fremde schlechthin und dient Mendel Singer zur Abgrenzung. So bezeichnet er die uniformierten Einwanderungsbeamten in New York als »die Kosaken Amerikas« (99).

In Amerika kann Mirjam ihre Sinnlichkeit noch stärker ausleben als in ihrem Heimatort, weil für Mendel keine soziale Kontrolle mehr möglich ist. Für sie ist das liberale Land mit seinen »Millio-

Amerika

3. PERSONEN **39**

nen Männern« der Inbegriff der Befreiung von ihrem elenden Alltag und von den strengen Tugendregeln ihres orthodoxen Vaters (vgl. 72 f.). Deshalb fordert sie ihre Mutter auf, allein mit ihr nach Amerika zu fahren und »Mendel und Menuchim, den Idioten« (86), zurückzulassen. Über ihrem eigenen Glücksanspruch und in ihrer leidenschaftlichen Lebensgier vergisst sie ihre Familie und deren Anspruch auf Leben.

Ihr Verhältnis zu den Eltern verbessert sich in Amerika, weil sie ungehindert ihrem Trieb nachgehen kann. In dieser liberalen Gesellschaft wird es nicht als anstößig empfunden, wenn sie mit ihrem Freund Mac ausgeht und gleichzeitig ein Verhältnis mit dessen Angestellten Glück hat. Mendel Singer, der gehofft hatte, es gäbe in der neuen Welt keine Kosaken, denkt enttäuscht: »Ein neuer Kosak« (129). Das Wort steht hier für die nach seinem Verständnis sündige Sexualität.

Mirjams Welt bricht zusammen, als auf die Nachricht vom Tode ihres Bruders Sam hin ihre Mutter stirbt. Sie wird wahnsinnig, ihr Verstand ist dem unerträglich gewordenen Zwiespalt zwi- | *Zusammenbruch* schen Normenbewusstsein auf der einen und Triebhaftigkeit auf der anderen Seite nicht mehr gewachsen. In ihr scheitert eine Frau, »die den vergeblichen Anspruch auf Selbstbestimmung und den Ausbruch aus den tradierten jüdischen Lebensformen vertritt«[4].

Menuchim – der »Tröster«

Ein behindertes Kind wird von den orthodoxen Juden als Beweis elterlicher Verfehlung angesehen. Deshalb empfinden die Eltern ihren mehrfach behinderten Sohn Menuchim als Strafe Gottes (vgl. 11, 38, 43). Das kranke Kind kommt »wie ein Unglück« (22) über die Familie und

40 3. PERSONEN

wird immer mehr zu ihrem Mittelpunkt. Symbolisch dafür ist sein Aufenthalt in »einem Korb«, der »in der Mitte des Zimmers« an der Decke schwebt (10). Sie konzentrieren

Verhalten der Geschwister

aber ihre Liebe so stark auf ihn, dass sich seine gesunden Geschwister benachteiligt fühlen (vgl. 25). Diesen fehlt jegliches Mitgefühl. Sie sehen ihn als »Plage« (20), quälen ihn und wollen ihn sogar töten (vgl. 20 f.).

Der Wunderrabbi macht Menuchim schon zu Beginn des Geschehens zu einer mythischen Gestalt (vgl. 17 f.) und deutet seine spätere Retter- und Erlöserfunktion an (vgl. 18). Menuchims Existenz weist über sein individuelles Schicksal hinaus. Dem Erzähler kommt es vor, als hätte er »die ganze Anzahl menschlicher Qualen auf sich genommen, die sonst vielleicht eine gütige Natur sachte auf alle Mitglieder verteilt hätte« (28).

Den Eltern entgehen frühe positive Anzeichen in seiner

Die Augen

Entwicklung. Schon der russische Arzt stellt fest: »Es ist Leben in seinen Augen« (12). Er, der Nicht-Jude, ist der Einzige, der den richtigen Zugang zu Menuchim findet, ihm hilft, sich immer wieder um ihn kümmert und schließlich gezielt seine musikalische Begabung fördert (vgl. 175, 184). In Menuchims Augen drückt sich seine sich langsam entwickelnde Erlebnisfähigkeit aus (vgl. 41 f., 92). Aber sie zeigen noch mehr. Sie gelten als Zeichen der Weisheit und Allwissenheit Gottes. Als Mendel später das Bild seines ihm noch unbekannten Sohnes betrachtet, fallen ihm dessen Augen auf (vgl. 167).

Musikalische Begabung

Der Rabbi prophezeit, wenn auch indirekt, die musikalische Begabung des behinderten Kindes (vgl. 18). Menuchims Reaktion auf akustische Reize wird schon früh auffällig (vgl. 42, 91). Musikalische Erlebnisse prägen ihn, an die sich der erwachsene Musiker erinnert (vgl. 184).

Außer »Mama« (24) kann er nichts sprechen, und für seine Mutter bedeutet dieses kümmerliche Wort eine Bestätigung, dass die Prophezeiung des Rabbis sich erfüllen würde. Aber Menuchim bleibt sprachlos, bis er durch den Schock des Brandes sprechen lernt (vgl. 116). Er erinnert sich plötzlich an seine Familie (vgl. 184 f.), entwickelt seine musikalischen Gaben, wird ein bedeutender Komponist und Kapellmeister und komponiert das »Menuchim-Lied«, das seinem Vater Trost spendet, obwohl es keinen religiösen Bezug hat. So wird er schließlich der Retter seines von Gott abgefallenen Vaters, der ihn mit sich und mit der Gesellschaft wieder versöhnt und ihn zu einem neuen Glauben an die göttliche Ordnung und Gerechtigkeit führt.

Der genesene Menuchim scheint Roths Lösung des jüdischen Assimilationsproblems anzudeuten. Einerseits zeigt er ein angepasstes und weltläufiges Verhalten, andererseits bewahrt er das humane jüdische Erbe. Seine Assimilation ist eine künstlerische und wird positiv dargestellt.

Künstlerische Assimilation

4. Wort- und Sacherläuterungen

7,2 **Zuchnow:** Während seiner Arbeit am Roman hat Roth die Handlung vom real existierenden Kowno ins geografisch nicht lokalisierbare Zuchnow verlegt. Nach der Handlung lässt sich Zuchnow als ein grenznahes westwolhynisches bzw. in dieser Zeit russisches Schtetl festlegen.

7,3 **Mendel Singer:** Mendel ist die deutsch-jüdische Nebenform zu Menuchim. Das Wort bedeutet »Tröster«.

7,7 **der Bibel:** Die hebräische Bibel umfasst die fünf Bücher Mose, die Lehre (*Thora*) im engeren Sinn, die 19 Bücher der Propheten und 12 Schriften, die die Psalmen und Weisheitsbücher enthalten.

7,14 **Mütze:** Die von Juden getragene Kopfbedeckung *kippa*. Sie muss ständig getragen werden, denn sie bedeutet Schutz vor der Präsenz Gottes, die der Mensch nicht aushalten kann.

7,17 **Kaftan:** ein aus Asien stammendes langes Obergewand, das früher in Osteuropa zur Tracht der orthodoxen Juden gehörte.

8,11 **Jonas:** Der Name bedeutet im Hebräischen »Taube«, die Symbol des Friedens und der Freiheit vom Zwang ist. Er bezieht sich aber auch auf den Propheten Jonas, der drei Tage und drei Nächte im Bauch eines Wals verbringen muss, weil er sich gegen den Willen Gottes aufgelehnt hat.

8,11 **Schemarjah:** Der Name bedeutet »Gott schütze dich«.

8,12 f. **Mirjam:** Im Alten Testament ist Mirjam die ältere Schwester von Mose und Aaron, die den Untergang des ägyptischen Heeres vorhersagt.

4. WORT- UND SACHERLÄUTERUNGEN   **43**

8,18 Kopeken: russische Münze aus Messing, der hundertste Teil des **Rubels.**

8,28 Deborahs: Der Name bedeutet »Biene« und geht zurück auf eine Richterin Deborah. Sie kämpfte für die Befreiung Israels von den Kanaanitern und steht für Eifer, Fleiß, aber auch Eigenwilligkeit und Bestimmtheit.

9,2 Safran: kostbares Färbemittel und Gewürz, färbt leuchtend orangerot.

9,24 Alpaka: Legierung aus Kupfer, Nickel und Zink mit silberner Farbe.

10,5 Sabbat: auch Schabbat. Der siebte Tag der Woche (Samstag) gilt als heiliger Tag der Hingabe an Gott, an dem nicht gearbeitet oder gehungert werden soll.

10,14 beschnitten: operative Entfernung der Penisvorhaut bei kleinen Jungen am achten Tag nach der Geburt. Religiöse Zeremonie bei Juden und Moslems zur Aufnahme eines männlichen Mitglieds in die religiöse Gemeinschaft.

11,33 Rubaschka: verziertes längeres Hemd; ukrainischrussische Nationaltracht.

12,22 Fraisen: Krampfanfälle, die bei kleinen Kindern bei einem fieberhaften Infekt auftreten können.

13,1 in fremden Spitälern: Bei den Ostjuden durfte nur in Notfällen ein nicht-jüdischer Arzt aufgesucht werden.

14,11 Kluczýsk: fiktiver Ort im polnisch-russischen Grenzgebiet.

14,12 Rabbi: geistlicher Lehrer der jüdischen Gemeinde, der für die Auslegung der Gesetze zuständig ist und deshalb große Autorität genießt.

15,22 Trachom: chronische Entzündung der Bindehaut des Auges.

16,6 f. die Gebeine Mosis: Mose führt die Kinder Israel aus

44 4. WORT- UND SACHERLÄUTERUNGEN

der ägyptischen Gefangenschaft durch die Wüste und stirbt im Angesicht des gelobten Landes. Sein Grab ist unbekannt.

16,7 **Erzmütter:** die Stammmütter Israels. Zu ihnen zählen Abrahams Frau Sara, Isaaks Frau Rebecca, Jakobs Frau Rachel und ihre Schwester Lea.

16,17 **Samowar:** In Russland gebräuchliches Gerät für die Zubereitung von Tee.

26,16 **Kalesche:** leichter vierrädriger, einspänniger Wagen mit Kutschbock.

27,24 **Wehr:** veraltet für Rüstung, Waffen.

27,26 **Juchten:** feines, besonders gegerbtes Rindsleder.

28,30 **Krieg gegen Japan:** Gemeint ist der Krieg zwischen Russland und Japan 1904/05, der mit einer russischen Niederlage endet.

31,18 **Joppe:** gerade geschnittene Männerjacke ohne Taille.

32,5 **Podworsk:** fiktiver Ort im russisch-polnischen Grenzgebiet, ebenso wie **Bytók** (33,27).

32,6 **Jurki:** ehemaliger Ort im Norden Polens.
Werst: altes russisches Längenmaß, entspricht 1067 Meter.

38,3 **Kapturak:** eine der in Roths Erzählungen immer wiederkehrenden etwas zwielichtigen Grenzgängerfiguren.

40,21 **Graupensuppe:** Suppe aus enthülsten Gersten- und Weizenkörnern.

41,7 **zehnmal hintereinander:** bezieht sich vermutlich auf das jüdische Heiligkeitsgebet (»Kaddisch«), das zehnmal täglich gesprochen werden soll.

42,16 **sieben Schläge:** bezieht sich auf die sieben Tage während Schöpfung Gottes.

43,17 **hohen Feiertagen:** Gemeint ist das Fest Jom Kippur, der höchste jüdische Feiertag im September/Oktober.

4. WORT- UND SACHERLÄUTERUNGEN **45**

46,19f. Samogonka: selbst gebrannter Branntwein aus Korn oder Kartoffeln.

47,18 Gebetriemen: s. Gebetsriemen (Anm. zu 74,26).

52,29 Pskow: eine der ältesten russischen Städte, liegt rund 300 Kilometer südwestlich von St. Petersburg.

53,12 Kalabreser: breitrandiger Filzhut mit spitzem Kopf, der von den italienischen Freiheitskämpfern in Kalabrien getragen wurde.

55,20 Long Island: Insel im Südosten des Bundesstaates New York.
Fort Lafayette: Militärgefängnis auf Long Island während des amerikanischen Bürgerkriegs.

56,11 Portefeuille: (frz.) Brieftasche.

57,9 Ararat: höchster Berg der Türkei (5165 m). Nach dem Alten Testament setzte hier die Arche Noah nach der Sintflut auf.

61,13 Monat Ab: hebräischer Name für den elften Monat im jüdischen Kalender (Juli/August). Das jüdische Jahr ist ein Mondjahr und zählt 12 Monate zu je 29 oder 30 Tagen. Das Schaltjahr hat 13 Monate.

62,2 wiegten sie sich: Bewegung des Körpers, die zum Gebetsritual der Juden gehört.

65,32 Thorarollen: Bezeichnung für die auf Rollen geschriebenen fünf Bücher Mose. Sie sind das höchste Heiligtum in der Synagoge und werden in einem reich geschmückten Schrein aufbewahrt. Am Sabbat wird aus ihnen vorgetragen.

67,24 Dubno: Stadt in der Westukraine, vor dem Ersten Weltkrieg russisch.

71,6 Urjadnik: Unteroffizier bei den Kosaken, auch Bezeichnung für einen russischen Wachtmeister.

74,26 Gebetsriemen: Riemen, auf denen Kästchen mit Per-

46 4. WORT- UND SACHERLÄUTERUNGEN

gamentstreifen befestigt sind, auf die Abschnitte aus dem 2. und 5. Buch Mose geschrieben sind. Sie werden vom gläubigen Juden beim Morgengebet um Stirn und Arm gebunden.

76,27 **Epauletten:** (frz.) Schulterstücke auf Uniformen als Rangabzeichen.

78,28 **Gummiarabikum:** aus der Rinde verschiedener Akazienarten gewonnener Klebstoff, der auch als Bindemittel verwendet wurde.

79,13 **Bethaus:** die zentrale Kult- und Versammlungsstätte der jüdischen Gemeinde. Hinterzimmer von Häusern, Kellerräume oder kleine Gebäude wurden neben der Synagoge (29,27) als Orte zum Beten benutzt.

85,14 **Sotnia:** eine Truppeneinheit (Hundertschaft) der Kosaken.

90,30 **Kopfgeld:** Jeder in die USA Einreisende musste einen Mindestbetrag von einigen Dollars vorweisen.

98,21 **Leviathan:** legendäres Untier in Gestalt eines Krokodils, Drachens oder einer Schlange, an dem Gott seine Größe und Macht demonstriert und das im *Buch Hiob* ausführlich beschrieben wird.

100,25 **old chap:** (engl.) Bursche, alter Junge. Dieses Grußwort wurde in Amerika jedoch nicht verwendet.

100,29 **Karbol:** wurde früher als Desinfektionsmittel verwendet.

103,16 **Brodem:** veraltet für Atem.

107,3 **Wolhynien:** Landschaft im Westen der Ukraine, die 1795 durch die Teilung Polens an Russland fiel, von 1919–1939 wieder polnische Wojwodschaft war, dann sowjetisch wurde und nach der Auflösung der Sowjetunion wieder zur Ukraine gehört.

107,11 **old fool:** bezieht sich vermutlich auf das englische

4. WORT- UND SACHERLÄUTERUNGEN 47

Sprichwort *there's no fool like an old fool* (etwa: Alter schützt vor Torheit nicht).

107,13 Bowery: Viertel von New York an der Lower East Side, in dem sich viele jüdische Einwanderer niederließen.

107,21 God's own country: Palästina ist für die Juden das Gelobte Land, das durch Gottes Willen Israel zugefallen ist. Übertragung auf Amerika.

108,16 parlour: (engl.) Salon.

108,20 Kol-Nidre: (hebr.) Anfangswort des feierlichen Gebets, mit dem der Versöhnungsfesttag Jom Kippur eingeleitet wird.

111,11 Vanderbilt: amerikanischer Unternehmer und Millionär.

118,2 daß ein Krieg kommen wird: bezieht sich auf den Ersten Weltkrieg (1914–18).

118,16 Met: Honigwein.

120,29 Edison: Thomas Alva Edison (1847–1931), amerikanischer Erfinder, u. a. der elektrischen Glühbirne.

124,12 f. der Krieg ausgebrochen: der Beginn des Ersten Weltkriegs am 1. 8. 1914.

126,19 Bukowina: Landschaft in den Nordost-Karpaten, Nachbarland zu Galizien und Wolhynien, seit Ende des 18. Jahrhunderts österreichisch, 1919 zu Rumänien, 1940 teilweise der Sowjetunion angegliedert.

128,23 Selcher: (bayer.-österr.) Fleischhauer, Metzger. Ein jüdischer Selcher durfte nur Fleisch verarbeiten, das von Tieren stammte, die nach den Vorschriften der Thora geschlachtet wurden und somit »koscher« waren.

133,2 Sieben runde Tage: sieben Trauertage nach der Beerdigung eines Verstorbenen. **Rund:** Ausdruck für die Unendlichkeit des Schmerzes.

48 4. WORT- UND SACHERLÄUTERUNGEN

133,11 **Eierbeugel:** ringförmiges Gebäck mit Mohn oder klein gehackten Nüssen.

138,22 f. **degenerative Psychose:** eine Krankheit des Geistes, die den körperlichen und geistigen Verfall bedingt.

138,25 **Dementia praecox:** Wahnsinn, Persönlichkeitsabbau.

140,31 **Gebetmantel:** großes Gewand in der Form einer römischen Toga, das bei allen wichtigen Gebetshandlungen getragen wird.

143,20 **Isprawnik:** (russ.) veraltete Bezeichnung für den Kreispolizeichef.

147,10 **zehn:** Voraussetzung für einen jüdischen Gottesdienst ist die Anwesenheit von zehn Männern ab dem 13. Lebensjahr, also nach der Volljährigkeit.

148,6 **Gebetsutensilien:** Gebetbuch, Gebetsriemen und Gebetstuch.

148,15 **um Schweinefleisch zu essen:** Strenggläubige Juden dürfen kein Schweinefleisch essen, weil es nicht »koscher« (rein) ist (vgl. 5. Mose, 14,8).

148,20 **Jehovah:** Lesart des Gottesnamens Jahwe, den die Juden aus religiöser Scheu nicht aussprechen.

151,18 **Ellul:** jüdischer Monatsname (August/September). **hohen Feiertage:** Das jüdische Jahr beginnt mit dem Monat *Tischri (Oktober)* und endet im September. In diese Wochen fallen die großen jüdischen Feste: *Rosch Haschana* (Neujahrsanfang), *Jom Kippur* (Versöhnungstag), *Sukkot* (Laubhüttenfest) und *Simchat Tora* (Fest der Gesetzesfreude).

155,12 f. **Friedensfeiern:** Am 11. 11. 1918 wurde in Frankreich der Waffenstillstand unterzeichnet, der die bedingungslose Kapitulation Deutschlands vorsah.

157,24 **Ostern:** Gemeint ist *Pessach* oder das Passahfest, das

4. WORT- UND SACHERLÄUTERUNGEN **49**

größte Fest der Juden, das am ersten Vollmond des Frühlings gefeiert wird.

157,28 **Osterbrot:** Brot ohne Sauerteig, *Mazzen* oder *Mazzot*.

168,9 **Osterabend:** Abend vor dem *Pessachfest*. Er heißt in der jüdischen Tradition *Sederabend* und besteht aus dem Verlesen von Geboten, die in der *Thora* stehen, sowie aus anderen Vorschriften und vielen Bräuchen, die an Ereignisse aus der Vergangenheit erinnern.

169,12 f. **Die Bücher mit den Berichten:** gemeint sind das vierte und fünfte Buch Mose.

170,23 **Eliahu:** hebr. für: Elias.

175,1 **gehört Zuchnow jetzt zu Polen:** Im Friedensvertrag von Riga 1921 kamen russische Westgebiete zu Polen, darunter Ostgalizien und Wolhynien.

175,4 **weißgardistische Armee:** Weißgardisten vertraten vor allem die Interessen der Großbauern und Grundbesitzer im Kampf gegen die Rote Armee der Kommunisten gegen Ende des Ersten Weltkrieges.

181,33 **weil ja Feiertag ist:** Nach den jüdischen Vorschriften sollen zur Heiligung der Sabbatruhe Freizeitvergnügungen und u. a. das Autofahren unterlassen werden. Nur in dringenden Fällen dürfen diese Tätigkeiten ausgeübt werden.

5. Interpretation

Hiob und Mendel Singer

Roth orientiert sich am biblischen Vorbild, dem *Buch Hiob*, sowohl was die vergleichbare existenzielle Leiderfahrung und den Zweifel der Hauptpersonen an Gott, aber auch was Motive, Situationen und Figurenkonstellationen angeht. Der biblische **Hiob** ist eine widersprüchliche Figur: Er ist nicht nur der Dulder, der sich klaglos in Gottes Willen ergibt, sondern auch der Rebell gegen Gott. Ebenso wie er nimmt **Mendel Singer** die Schicksalsschläge nicht nur hin, sondern er sagt sich von Gott los. Allerdings hat seine Auflehnung gegen Gott oft naive oder sogar komische Züge. Sie bleibt im Wesentlichen verbal und weist nicht die Qualität des biblischen Hiob auf.

Als Mendel Gott angreift, kommen – wie im *Buch Hiob* – Freunde zu ihm, um ihm in seinem Leid beizustehen. Sie vertreten Positionen dem Leid gegenüber, die den im Alten Testament vertretenen Standpunkten entsprechen:

Mendels Freunde

- Gottes Schläge enthalten einen verborgenen Sinn (Skowronnek, vgl. 143). Das ist die klassische Lösung der Theodizee-Frage.
- Es besteht die Möglichkeit einer Prüfung, vielleicht hat Mendel sein Leid selbst verschuldet (Rottenberg, vgl. 143 f.).
- Man muss das Leid relativieren, Mendel hat auch viel Glück gehabt (Groschel, vgl. 144).
- Gott vollbringt heute keine großen Wunder mehr, da die Welt ihrer nicht wert ist (Menkes, vgl. 145 f.).

5. INTERPRETATION 51

Mendel wendet sich gegen diese Tröstungs-
versuche. Den Vergleich mit Hiob lehnt er
ab, besonders den Hinweis auf »Wunder,
wie sie am Schluß von Hiob berichtet wer-

> Mendel und
> das Leiden

den« (144). Seine Kinder würden durch kein Wunder wieder lebendig werden, meint er (vgl. 144). Er weist es von
sich, dass er für irgendeine Schuld von Gott mit den
Schicksalsschlägen bestraft worden sein könnte, sieht das
Leiden weder als Strafe noch als Prüfung und will in ihm
keinen verborgenen Sinn erkennen.

Für ihn scheint ein glückliches Ende wie bei Hiob un-
denkbar. Aber ein solches sieht der Erzähler auch für
ihn vor. Nach Menuchims wunderbarem Erscheinen
nimmt Mendel den Vergleich mit Hiob an. Am Ende des
Geschehens hat er die Vision, er selbst werde »nach späten
Jahren in den guten Tod eingehen, umringt von vielen En-
keln und ›satt am Leben‹, wie es im ›Hiob‹ geschrieben
stand« (186).

Der biblische Hiob erleidet Gottes Abwesenheit. Mendel
Singer hat Mühe, Gottes Anwesenheit zu ig-
norieren. Er reagiert zwiespältig auf diesen
Gott. Einerseits empfindet er ihm gegenüber
ebenfalls »Haß« (150) und sagt sich von ihm
los, andererseits wohnt »in seinen Muskeln

> Zwiespältiges
> Verhältnis zu
> Gott

[…] noch die Furcht vor Gott« (141). Zwar singt und tanzt
er noch in der Tradition jüdischen Betens, aber es ist ein
»Zorngesang« (142). Innerlich hat er mit der religiösen Tradition gebrochen und beteiligt sich nicht mehr am Gebet der
anderen (vgl. 147). Seine bisher übermäßige Frömmigkeit
schlägt um in übergroßen Hass. Aber er verbrennt nicht seine Gebetsutensilien, obwohl er sie schon dafür vorgesehen
hat (vgl. 141). Er rührt sie nicht mehr an, aber er nimmt sie

52 5. INTERPRETATION

mit in seine neue Wohnung in Skowronneks Hinterzimmer (vgl. 148 f.).

Für Mendel ist Gott jetzt ein unbarmherziger Sadist voller Bösartigkeit und Willkür, der nicht die Mächtigen, sondern die Schwachen vernichtet und dessen größtes Vergnügen darin zu bestehen scheint, dass er ihn nicht sterben, sondern leben lässt, um ihn durch immer neue Schicksalsschläge zu quälen. Deshalb kündigt er ihm den Gehorsam auf (vgl. 142, 147). Teufel und Gott haben für ihn die Rollen getauscht. Mendel stellt sich auf die Seite des »Teufels«, der für ihn »gütiger als Gott ist«, weil er nicht so grausam sein könne. Er verachtet all das, was er vorher verehrt hat, genießt sein Leid »mit Triumph« (140) und fühlt sich frei für ein neues Leben ohne Gott.

> *Neue Auffassung von Gott*

Ein bedeutsamer Unterschied zwischen Roths Titelhelden und dem biblischen Hiob liegt in der Zugehörigkeit zu verschiedenen sozialen Schichten. Dem reichen, weisen, sprachmächtigen, von Gott geliebten Großgrundbesitzer der Bibel entspricht im Roman der arme, einfältige Lehrer, der seine Heimat verlässt und in der Fremde wohnt. Sein Reichtum besteht nicht in materiellem Besitz und geistigem Vermögen, sondern im unauffälligen Familienleben und im Bewusstsein, mit seinen bescheidenen geistigen Kräften kleinen Kindern Gottes Wort zu vermitteln. Ein größerer sozialer Gegensatz ist kaum möglich. Roth ersetzt jedoch die fehlende soziale Fallhöhe durch die gewichtige und zeitgemäße Problematik von Exil und Assimilation.

> *Soziale Unterschiede Hiob–Mendel*

Es geht Roth nicht darum, das Problem eines von Gott in unerfindlicher Weise geschlagenen und geprüften sozial

5. INTERPRETATION **53**

angesehenen Menschen zum Romangegenstand zu machen. Das Exemplarische der Person Mendel Singers liegt im Mittelmäßigen und Alltäglichen (vgl. 7). Er will an Mendels Schicksal das Schicksal von unzähligen anderen Menschen beispielhaft darstellen. Deshalb gibt er dem Roman den Untertitel: »Roman eines einfachen Mannes«.

Schuld und Leid

Beide, Hiob und Mendel Singer, sind anfangs der Überzeugung, dass Gott den Schuldigen bestrafe und den Gerechten belohne (vgl. 84). Deshalb zieht Hiob seine Kraft zur Rebellion gegen Gott aus der Tatsache, dass er ohne jede Schuld ist, und meint, Gott dürfe ihm nichts Schlimmes widerfahren lassen. Der

Schuldlosigkeit

Erzähler führt auch Mendel Singer zu Beginn des Geschehens als Schuldlosen ein: »Sein Gewissen war rein. Seine Seele war keusch« (8). Es gibt für ihn keinen einsichtigen Zusammenhang zwischen Gottes Strafe und einer sündigen Tat. Deshalb reagiert er auf die ersten Schicksalsschläge verwundert und fragt sich, wofür er »gestraft« werde (vgl. 42).

Aber Mendel Singer wird vom Erzähler nicht als Idealtyp gesehen wie sein biblischer Leidensgenosse. Er hat Schwächen, begeht Fehler und Irrtümer wie andere Menschen auch. Seine Entscheidung, den kranken Menuchim zurückzulassen und zu Mirjams Rettung nach Amerika auszuwandern, verursacht ihm und Deborah fortwährend Gewissensbisse. Sie ist tragischer Art: Wie er sich auch entscheidet, ist es falsch, und er muss sich in jedem Fall schuldig fühlen.

Aber Mendels Konflikt zwischen Menuchim und Mirjam wird vom Erzähler nicht zureichend motiviert. Warum es nicht möglich ist, Menuchim mitzunehmen, wird nicht ausdrücklich gesagt. Der Leser kann nur vermuten, dass es wegen der amerikanischen Einwanderungsbehörden geschieht, die kranken Menschen die Einreise verwehren und sie zurückschicken. So sagt Deborah zu Mendel, man könne Menuchim holen, wenn er »gesund werden sollte« (110). Andererseits will Mac nach Russland fahren, um Menuchim zu holen (vgl. 123), obwohl man nicht weiß, ob dieser mittlerweile gesund ist. Die Entscheidung in diesem tragischen Konflikt für die Ausreise kann nur darin liegen, dass in Mendel selbst unbewusste Motive wirksam werden, die seine Emigration bedingen. Vielleicht fühlt er sich dem Leben in Russland nicht mehr gewachsen, und zwar auch durch das Verhalten seiner nymphomanen Tochter und die ewige Unzufriedenheit seiner Frau.

Konflikt zwischen Menuchim und Mirjam

Seine Gewissensbisse sind zwar verständlich, sie stehen aber in keinem Verhältnis zu den Schicksalsschlägen, die ihn treffen. Letztlich verantwortlich für sein Leid ist seiner Ansicht nach »der Herr«, der mit ihm »kein Mitleid« hat und ihm so fern gerückt ist, dass er jetzt seine tote Frau bittet, Mittlerin zwischen ihm und Gott zu sein (vgl. 134). Früher meinte Mendel Gottes Liebe in seinem Leben zu spüren, jetzt ist diese für ihn in zerstörerischen Zorn umgeschlagen.

Obwohl er sich noch im Gespräch mit den Freunden keiner Schuld bewusst ist, schreibt sich Mendel später viermal Schuld zu, für die nach seiner Ansicht die unerklärlichen

Schuldhaftes Verhalten

5. INTERPRETATION 55

Schicksalsschläge und sein Leid als Sühne in Frage kommen könnten:

- Er wirft sich vor, dass er sich zu wenig um seine Kinder gekümmert habe und Menuchim und Mirjam ein »schlechter Vater« gewesen sei (185).
- Bei Ausbruch des Krieges bereut er sein insgesamt zu passives Verhalten gegenüber seinen Söhnen und spricht ausdrücklich von seiner »Schuld« (125).
- Er meint, wegen seiner treulosen Haltung Menuchim gegenüber von Gott gestraft zu werden (vgl. 133, 145).
- Er fühlt sich auch Deborah gegenüber schuldig und wirft sich nach ihrem Tod vor, sie nicht genügend geliebt zu haben (vgl. 133).

Mendel deutet das Verhältnis Schuld – Strafe nicht mehr auf religiöser, sondern auf **menschlicher** Ebene und fühlt sich verantwortlich für sein Handeln oder Nicht-Handeln. Diese Haltung bedeutet eine Abkehr von seiner

Menschliche Schuld

früheren überzogenen Selbstgerechtigkeit, von seinem engen, dogmatischen Verhalten und eine Hinwendung zu einer freieren, menschlicheren Einstellung sowie ein neues Verhältnis zu Gott, dessen Lästerung ihm jetzt Leid tut (vgl. 182).

Aber Mendels menschliche Versäumnisse stehen in keiner Relation zu seinem Leiden. Das Schema von Schuld und Strafe, nach dem er sich anfangs und auch später richtet, greift nicht. Das Leiden bleibt für den Menschen unerklärlich. Deshalb geht es nicht um Schuld oder Nicht-Schuld, sondern um das unbegreifbare und unmittelbare Eingreifen Gottes in das einfache Leben Mendel Singers, der durch seinen Leidensweg zu einer modernen Hiobsgestalt wird.

56 5. INTERPRETATION

Die Problematik des Schlusses

Die Ankündigung des »Wunders«

Auf den Schluss des Romans, der mit dem wunderbaren Erscheinen des genesenen Menuchim am

Vorausdeutungen Osterfest die realistische Stilebene durchbricht, deutet schon Mendel Singers zögernder Bereitschaft, sich nach seinem Streit mit Gott zu ändern und sein Leben aktiv zu gestalten. »Menuchims Lied«, dessen Komponisten er noch nicht kennt, verändert seine bisherige gleichmütige Haltung (vgl. 155) und erschüttert sein Gemüt. Seit langer Zeit reagiert er wieder emotional, weil ihm das Lied sein bisheriges Leben und »die ganze Welt« (156) zu erschließen scheint. In mystischem Erleben glaubt er darin sogar das »klägliche Wimmern« (157) Menuchims zu vernehmen. Es nimmt in seiner wunderbaren und verwandelnden Wirkung das Wunder der persönlichen Erscheinung Menuchims vorweg. Mendel lebt jetzt ganz seinem Plan, nach Zuchnow zurückzukehren, um seinen Sohn sehen zu können.

Die Heilung des unheilbar scheinenden Menuchim hat Roth hat schon von Anfang an in der Struktur des Romans angelegt. Der russische Arzt stellt fest, dass er »ihn vielleicht gesund machen« könne (12). Dieser Hinweis weckt die Erwartung des Lesers. Verstärkt wird sie durch die Prophezeiung des Wunderrabbis, dass Menuchim Großes bewirken werde (vgl. 17 f.). Weil die Bedingung für diese glückliche Lösung, nämlich ihn nicht zu verlassen, von den Eltern nicht eingehalten wird, verliert die Vorausdeutung an Gewicht. Durch die mehrmalige Erwähnung des zurückgebliebenen Menuchim und die ständigen Selbstvorwürfe der

5. INTERPRETATION **57**

Eltern, ihn im Stich gelassen zu haben (vgl. 95), bleibt der
Hinweis immer im Hintergrund. Ein Brief der Familie Billes, dass »Menuchim plötzlich zu reden angefangen hatte«
(116), weckt bei den Eltern neue Hoffnung.

Der Erzähler bereitet die Rückkehr Menuchims stufen-
weise vor. Nach der Entdeckung, dass das
anrührende Lied »Menuchims Lied« heißt,
erhält Mendel die Mitteilung, dass der Komponist aus Zuchnow stamme wie Mendel
selbst. Anscheinend sei er ein Verwandter

> *Vorbereitung
> von Menuchims
> Rückkehr*

von Mendels Frau, nenne sich Kossak, wie sie als Mädchen
hieß, und wolle Mendel unbedingt sprechen (vgl. 166). Ge-
steigert wird die Spannung dadurch, dass Mendel eingehend
das Foto dieses Musikers betrachtet, als ob ihm das Gesicht
bekannt vorkäme. Von den Augen ist er fasziniert (vgl. 167).
Die Atmosphäre des Geheimnisvollen verdichtet sich, als
das Osterfest bevorsteht.

Das »Wunder«

Roth steigert Menuchims Selbstoffenbarung in verschiedenen Schritten zum Spannungshöhepunkt hin. Für das
Schlussgeschehen setzt er die Osterzeit an. Er meint die
Zeit des jüdischen Pessachfestes, an dem sich die Juden an
die wunderbare Befreiung der Väter erinnern und auf die
ersehnte Erlösung hoffen.

Mendel kann sich der gemeinsamen Andacht nicht entzie-
hen, identifiziert sich mit dem Schicksal seines Volkes, fühlt
sich »milde gestimmt« und ist sogar »mit seinem eigenen
kleinen Schicksal beinahe ausgesöhnt« (169). Als entschei-
denden Augenblick wählt Roth den Zeitpunkt, an dem ein
voller Becher mit Wein aufgestellt ist. Dieser soll nach dem

58 5. INTERPRETATION

> *Menuchims*
> *Erscheinen*

Volksglauben für den Propheten Eliahu (Elias) bereitstehen, der vielleicht in der Gestalt eines fremden Gastes eintritt. Wider Erwarten tritt der Komponist Kossak ein, der Mendel sprechen will. Sein Sohn Menuchim erscheint so gleichsam als der Verkünder des Erlösers oder Messias, der Mendel wieder die göttliche Gnade bringt. In Kossaks Augen glaubt Mendel Gottes Ewigkeit zu erkennen, und er stellt sich sogar vor, sein Vater sein zu können (vgl. 172).

Roth verzögert erneut die Aufklärung dadurch, dass er im folgenden Gespräch Kossak erstaunlich kenntnisreich über Mendels Haus in Zuchnow, das Schicksal von Jonas und dann über sein eigenes Leben und seinen Aufstieg zum Künstler berichten lässt. Der Leser ahnt die Zusammenhänge. Mendel wagt es nicht, den Gast nach Menuchim zu fragen, weil er eine schlimme Antwort befürchtet. Skowronnek tut es für ihn, und sie erhalten die Antwort: »Menuchim lebt« (178, 179). Er sei gesund und es gehe ihm gut. Mendel reagiert mit überschwänglicher Freude, er möchte aufstehen und den Himmel berühren: Er hat zu Gott zurückgefunden (vgl. 179).

Nach dieser letzten Verzögerung folgt Kossaks Bekenntnis: »Ich selbst bin Menuchim!« (179). Die Prophezeiung des Wunderrabbis ist in Erfüllung gegangen. Für die Juden reiht sich dieses wunderbare Geschehen an Menuchim in die Kette jener großen Taten Gottes am Volk Israel ein. Deshalb geht Freund Skowronnek von Haus zu Haus und ruft: »Ein Wunder ist geschehen!« (180).

> *Die Enthüllung*

Mendel hatte früher über Deborahs chassidische Wunderglääubigkeit (18) gespottet und an Gottes Fähigkeit oder Willen gezweifelt, Wunder zu bewirken (vgl. 144). In gewis-

5. INTERPRETATION 59

ser Hinsicht hatte er Recht, Gott setzt nicht die Naturgesetze außer Kraft und zaubert Menuchim herbei. Dessen Heilung ist rational zu erklären: Sie ist einmal durch die medizinische Behandlung erfolgt (vgl. 175), die Mendel früher abgelehnt hat. Petersburger Ärzte haben den schwer kranken Epileptiker geheilt. Hinzu kommen eine angeborene musikalische Begabung, die Schockwirkung eines Brandes, Menschen, die ihn pflegten, eine wirkungsvolle musikalische Therapie (vgl. 184) und vielleicht der Versuch, seine Behinderung zu kompensieren.

Für Mendel jedoch ordnete Gott die einzelnen Faktoren und Geschehnisse von Menuchims Entwicklung so an, dass das Ergebnis eine glückliche Fügung ist, eben ein Wunder. Er sieht sich daraufhin veranlasst, seinen

> Auffassung von Wunder

Glauben zu überprüfen und seine Einstellung gegenüber Gott zu ändern. »Das eigentliche Wunder ist nicht die rational erklärbare Heilung Menuchims und sein durch Anlage und Begabung erklärter Aufstieg, sondern Mendels Wandlung.«[5]

Der neue Mendel

So wie sein Vater ihn als armseligen Krüppel aus der Ecke hochgehoben und auf seine Knie gesetzt hat (vgl. 40), so sorgt sich jetzt der Sohn um den Vater. Sein Verhalten drückt Liebe, Zuwendung und Erbarmen, aber auch Selbstbewusstsein aus und entspricht der Prophezeiung des Wunderrabbis, an die sich der glückliche Mendel erinnert (vgl. 180). Trotz menschlichen Fehlverhaltens hat sie sich dank Gottes Gnade erfüllt.

Mendel wird nach der Rückkehr seines Sohnes ein neuer,

60 5. INTERPRETATION

gläubiger Mensch und nimmt seine Umwelt anders als

Neues Verhältnis zu Gott

früher wahr (vgl. 183). Er wird »herausgeführt aus einer ängstlichen Weltverachtung und mit Lebenszuversicht bedacht«[6]. Als ihm sein Sohn noch Hoffnung auf eine Heilung Mirjams macht, glaubt er an Hiobs Glück teilzuhaben und in einen »guten Tod« einzugehen (186).

Jetzt entblößt er zum ersten Mal sein Haupt (vgl. 186 f.). Es ist ein Zeichen für die unmittelbare Begegnung mit Gott und bedeutet ein Aufbrechen der rituellen Forderungen der jüdischen Tradition, die Öffnung für das Neue. Nach der Betrachtung der Fotografie von Menuchims Familie, die ihm Bürge für die Fortdauer seiner eigenen Familie ist, kann er ausruhen »von der Schwere des Glücks und der Größe der Wunder« (188).

Die »Schwere des Glücks« deutet auf das von Mendel Singer nicht mehr Erwartete, das Unbegreifliche. »Schwere« schließt die Erinnerung an das Erlittene ein, ohne welches das Glück nicht das Gewicht hätte, das es hat. Die »Größe der Wunder« meint die Fülle der glücklichen Erscheinungen sowie Mendels Versöhnung mit Gott und der Welt. Sein Ausruhen kann aber auch als euphemistischer Hinweis auf seinen Tod verstanden werden.[7] Aber ob er stirbt oder weiterlebt, entscheidend ist, »daß die durch ihn und seine Geschichte repräsentierte Idee weiterexistiert«[8].

Roths *Hiob* als Parabel

In Roths Roman wird die menschliche Grundfrage nach Grund und Sinn des Leidens thematisiert. Der Held ist nicht mehr wie früher ein herausragender, sondern ein »ganz all-

5. INTERPRETATION 61

täglicher« Mensch, der die Last seines Schicksals tragen muss. Mendel Singer ist der Typ des durchschnittlichen, fatalistisch eingestellten und anpassungsunwilligen orthodoxen Thorajuden galizischer Herkunft, der mit seinem kärglichen Leben zufrieden ist. Durch peinliches Einhalten der religiösen Vorschriften versucht er sein Leben auf Gott auszurichten. Er steht stellvertretend für die vernichtete Lebensgemeinschaft der **Ostjuden**. An seiner Person und an seinem Schicksal wird »das Fortbestehen des einst mit Abraham begonnenen Dialogs zwischen Jahwe und dem Volk Israel« bezeugt.[9] Deshalb verträgt seine Lebensauffassung keine Assimilation.

Mendels Hiob-Schicksal ist eine **Parabel** für den **Menschen**, dessen Leben durch unerklärliche Schicksalsschläge zerstört wird, der keine Antwort auf seine Frage nach dem Sinn des Leidens erhält, deshalb an einer gerechten Weltordnung zweifelt, schließlich sein Schicksal akzeptiert und dann belohnt wird. Er verkörpert exemplarisch das unbegreifbare und unmittelbare Eingreifen Gottes in ein Menschenleben und schließlich Gottes Gnade.

Aber sein Schicksal kann auch als **Parabel** für das **Schicksal des jüdischen Volkes** betrachtet werden. Wie Hiob in mythischer Vergangenheit und Mendel Singer in der Gegenwart musste es mit Leiderfahrungen und Schicksalsschlägen umgehen, die unerklärbar und unfassbar sind. Mendel erfährt im »Wunder Menuchim« das unmittelbare Wirken Gottes als Trost für sein Leid. Das ist für Roth die Verheißung, dass sich auch das »Hiobproblem« des jüdischen Volkes dereinst lösen wird.

Roths *Hiob* – ein jüdischer Roman?

Roths Roman Hiob wird als »das jüdischste Werk Roths«[10] bezeichnet. Dafür sprechen die jüdischen Namen der Personen[11] und vor allem die Thematik. Roth lässt »die Familie Singer in den Spuren des Alten Testaments und der jüdischen Heilsgeschichte gehen«[12].

Zu den bekannten jüdischen Legenden, auf die Roth anspielt, gehört die **Josephsgeschichte** des Alten Testaments, eine frühe positive Assimilationsgeschichte. Der junge Joseph wurde von seinen Brüdern fast ermordet, weil auf ihm mehr väterlicher Segen als auf ihnen zu ruhen schien. Sie verkauften ihn nach Ägypten. Durch seine wunderbare Klugheit wurde er dort mächtig und konnte seine Familie vor dem Hungertod retten. Auch Menuchim wird von seinen Brüdern fast ermordet, wächst unter Nicht-Juden auf, wird berühmt und dann wunderbarerweise zum Retter seines Vaters. Ebenso erinnert Schemarjahs Verhalten an die Josephsgeschichte: Er kommt in Amerika zu Reichtum und holt seinen armen Vater nach.

> *Biblische Geschichten*

Die Auswanderung der Familie Singer lässt an den **Auszug der Kinder Israel aus Ägypten** denken, der bei der Feier des Osterfestes ausdrücklich erwähnt wird (vgl. 169). Menuchims Erscheinen im Zimmer während des Osterfestes ist eine Anspielung auf das Kommen des **Messias**. Mendels jüngster Sohn tritt genau in dem Augenblick ein, als die Anwesenden den Propheten **Eliahu** (Elias) erwarten, den Vorboten für die künftige Erlösung Israels. Außerdem ist Menuchims Erscheinen eine Umkehrung der **Geschichte vom verlorenen Sohn**: Menuchim wird von seinen Eltern verlassen und aufgegeben, nach

Jahren kehrt er zurück und holt seinen alten Vater zu sich.

Auch andere Personen lassen an biblische Vorbilder denken. Die gegensätzlichen Brüder Jonas und Schemarjah erinnern an das biblische Brüderpaar **Jakob** und **Esau**. Bei der schönen **Mirjam** denkt der Leser an die schöne **Sulamith**, die im *Hohenlied Salomos* besungen wird. Als Deborah den Wunderrabbi aufsucht, erinnert der Erzähler an die **Opferung Isaaks**: »Sie blieb an der Schwelle, auf beiden Armen bot sie ihren Sohn dar, wie man ein Opfer bringt« (17).

> Biblische Vorbilder

Der Leser kann noch andere Beziehungen zwischen der biblischen Heilsgeschichte und der Geschichte der Familie Singer erkennen. So entspricht der Gegensatz zwischen der russischen und der amerikanischen Welt dem biblischen Gegensatz zwischen dem armen **Kanaan** und der Kornkammer **Ägypten**, wohin die Familie des jüdischen Patriarchen Jakob zieht, der, wie Mendel später, Sehnsucht nach Rückkehr in die alte Heimat hat. Wie damals Ägypten, so ist jetzt Amerika das reiche Land des Überflusses.

Hiob ist als »eine Neuinterpretation« traditioneller jüdischer Texte unter dem »Gesichtspunkt der modernen jüdischen Wirklichkeit«[13] ein jüdischer Roman. Aber seine Thematik überschreitet die Grenzen nationaler oder religiöser Besonderheiten. Deshalb ist er trotz der Probleme bei der Übertragung jüdisch fundierter Begriffe in die deutsche Sprache auch ein **deutscher Roman**, nicht zuletzt durch die sprachlichen Anklänge an die Luther-Bibel, die dem Leser Mendel Singer und seine Welt vertraut macht. Das Wissen des nicht-jüdischen Lesers um den soziokulturellen Hintergrund des Romans verhilft dabei zu vertieftem Verständnis.

64 5. INTERPRETATION

Erzählweise

Mythisches und realistisches Erzählen

Der märchenhafte Schluss des Romans entspricht seinem märchenhaften Beginn, nämlich der Eingangsformel: »Vor vielen Jahren lebte in Zuchnow ein Mann namens Mendel Singer« (7). Das Märchen blendet die reale Zeit und die Bedingtheiten der Gegenwart weitgehend aus und siedelt das Geschehen in einem zeitlosen Raum, in einem **mythischen Bereich** an. Die fehlende Festlegung auf eine konkrete Zeit soll dem Geschehen Gleichniswert verleihen, denn die Welt des Märchens, der Legenden und der Mythen ist ein Ort höherer Wahrheit. Andererseits ist die genaue Darstellung der Wirklichkeit die Grundlage des Romans. Roth bemüht sich um eine **realistische Darstellung** des Geschehens. Schon im ersten Satz macht der Erzähler eine präzise Ortsangabe. Auf den folgenden Seiten beschreibt er genau Aussehen, Verhalten und Gewohnheiten Mendel Singers, seiner Frau und Kinder, z. B. Deborahs Hantieren in der Küche, Mendels erzieherische Maßnahmen (vgl. 18 f.) und später Mendels Tagesablauf in New York (vgl. 150), sodass sich der Leser ein Bild von dieser ihm fremden Welt machen kann. Der Erzähler scheut auch nicht vor einer fast naturalistisch genauen Darstellung unangenehmer Dinge zurück, z. B. als Deborah ihren Verfall erkennt (vgl. 23). Ähnlich drastisch und leicht ironisch schildert er im zweiten Teil des Romans eine Sommernacht in der Hinterhof-Wohnung, als Deborah vergeblich gegen Wanzen und Flöhe kämpft und die Geräusche des Viertels Mendel nicht schlafen lassen (vgl. 121 f.).

Bemühen um realistische Darstellung

5. INTERPRETATION 65

Roth erzählt im großen Ganzen auf traditionelle Weise, nämlich linear, einsträngig, gleichmäßig, dem Verlauf der Zeit folgend. Bei wichtigen Ereignissen wie z. B. beim »Osterwunder« verweilt er und stellt sie szenisch dar. Bedeutsame frühere Begebenheiten holt er in einer Rückblende nach, so z. B., als sich Deborah an Mirjams Weglaufen und ihren Kirchenbesuch erinnert (vgl. 26), als Mendel kurz an die Osterfeste mit seinen Kindern denkt (vgl. 109) und als Menuchim über wichtige Ereignisse seines Lebens berichtet (vgl. 184 f.). Hinzu kommen Einblendungen in Briefform, die Auskunft darüber geben, was in der vergangenen Zeit mit Schemarjah (54 f.), Menuchim (116) und Jonas (117 f.) geschehen ist. Diese Elemente des Romans verstärken den Eindruck großer Wirklichkeitsnähe.

Rückblenden

Der Roman ist vorwiegend im Präteritum geschrieben, dem üblichen Tempus erzählender Texte. Unterbrochen wird der rückschauende Gang des Erzählers durch das Geschehen an zentralen Stellen durch Gespräche, z. B. die Unterhaltungen Mendels mit seiner Frau (vgl. 18), den Dialog der beiden Söhne (29 ff.), das Gespräch Mendels mit seinen Freunden (vgl. 142 ff.). Sie sind Gelenkstellen des Geschehens, erzeugen Spannung und vermitteln dem Leser den Eindruck der Unmittelbarkeit.

Gespräche

Der Erzähler wechselt unvermittelt aus der Vergangenheit in die Gegenwart, wenn er dem Leser den besonderen Augenblick anschaulich vor Augen führen und ihm die Hoffnungen und Befürchtungen der Personen zu dem tatsächlichen Zeitpunkt des Geschehens verdeutlichen will, z. B. die Verhandlung Deborahs mit dem Fuhrmann (67–70), die

Präsens

66 5. INTERPRETATION

Vorbereitung des Sabbat-Essens (93), den Abschied von Menuchim (94 f.), den Ausbruch des Krieges (122), die Botschaft von Schemarjahs Tod (131 f.).

Erzählsituationen

Der Romananfang lässt die Haltung des Erzählers seinem Stoff gegenüber erkennen: Er vermittelt zwischen dem Romangeschehen und dem Leser. Seine Haltung ist allwissend, die **auktoriale Erzählsituation** herrscht vor.

Auktoriales Erzählen

Überlegen überblickt er Zeiträume und weiß, was in Zukunft geschieht: »Mac wird nicht mehr nach Russland fahren. Menuchim wird nicht nach Amerika kommen. Der Krieg ist ausgebrochen« (124). Er hält Distanz zu seinen Figuren, aber er kennt ihre Gedanken und Gefühle. So schreibt er, dass Mendel sich »leicht« fühlt, »ja, leichter als jemals in allen seinen Jahren« (140). Verbunden sind diese Feststellungen oft mit **Wertungen**. So bezeichnet er Mendels Wesen und Gesicht als »unbedeutend« (7). Später betont er, dass trotz Mendels Zerwürfnis mit Gott dieser noch »über die Welt« herrsche (150). Das Ausbleiben von Menuchims Genesung kommentiert er: »Vielleicht brauchen Segen eine längere Zeit zu ihrer Erfüllung als Flüche« (25).

Ironie

Ein anderes Mittel des Erzählers, seine Distanz vom Geschehen und von den Figuren deutlich zu machen, ist das gelegentliche Stilmittel der **Ironie**. Milde Ironie wird in der zeitgemäßen Gestaltung des Wunders deutlich. Der Wunderbringer Menuchim bedient sich im 20. Jahrhundert des Automobils

5. INTERPRETATION **67**

(vgl. 180). Das Paradies, in das er den geretteten Mendel bringt, ist das »Astor Hotel« (182).

Auch in der Namengebung wird Ironie des Erzählers deutlich: Er gibt Menuchim den Namen »Kossak«, Deborahs Mädchennamen. Die Rettung des Juden Mendel geschieht also ironischerweise durch einen Menschen, der unter Nicht-Juden aufwuchs, von Nicht-Juden geheilt wurde, den religiösen Traditionen entfremdet ist, selbst kaum noch jiddisch spricht und den Namen der größten Judenfeinde angenommen hat.

An manchen Stellen wird diese auktoriale Erzählweise dadurch unterbrochen, dass eine Verengung des Gesichtsfelds auf die Perspektive der Personen erfolgt. Durch dieses **personale Erzählen** werden vorwiegend die Gedanken und Empfindungen Mendels, aber auch die Deborahs unmittelbar wiedergegeben, und zwar mit den Mitteln der **erlebten Rede** und, wenn auch deutlich weniger, mit dem **inneren Monolog**. Um einen

| Innerer Monolog |
| und erlebte Rede |

solchen handelt es sich, wenn Deborah auf Sameschkin wartet und denkt: »Ein Dollar ist mehr als zwei Rubel […]. Wieviel Dollar ferner wird Schemarjah schicken? […] Mendel wird kein Lehrer mehr sein« (68). Der Leser fühlt sich ins Innere Deborahs versetzt und erfährt direkt, was sie denkt.

Der innere Monolog steht im Präsens, die erlebte Rede im Präteritum. Dieses Mittel verwendet der Erzähler öfter, um dem Leser Mendels Gedanken und Gefühle mitzuteilen, so z. B., als er im Wartezimmer der Anstalt wartet, in die Mirjam eingeliefert wird (vgl. 137), oder als er seine Gebetsutensilien verbrennen will (vgl. 141). Manchmal setzt er noch zusätzlich den inneren Monolog ein, um die Eindringlichkeit und Un-

68 5. INTERPRETATION

mittelbarkeit zu erhöhen, z. B. als Mendel nach seiner Ankunft ohnmächtig wird, wieder erwacht und seinen Identitätsverlust feststellt (vgl. 104).

Das Zusammenwirken von auktorialem und personalem
Erzählen bewirkt beim Leser den Wechsel zwischen einer
Distanzierung von Mendel und Identifikation mit ihm
durch Empathie für seine Gedanken und Gefühle.

Sprache

Satzbau

Bereits im ersten Abschnitt (7) wird das Charakteristische
von Roths Sprache deutlich. Er besteht aus einer Reihe von
sechs Sätzen, darunter nur einem Relativsatz. Vier dieser
Sätze sind parallel gebaut, drei davon beginnen anaphorisch
(»Er war […]. Er übte […]. Er lehrte […]«). In den anderen
beiden Sätzen steht einmal eine Zeitbestimmung am Anfang
(»Vor vielen Jahren«), einmal eine Ortsbestimmung (»In
seinem Haus«), sodass diese Sätze – auch durch die Inversi-
on – ebenfalls gleichartig wirken. Kausale Verknüpfungen
fehlen auch im übrigen Text weitgehend.

Dieser vorwiegend **parataktische** Satzbau mit seinen
Variationsmöglichkeiten ist kennzeichnend für den gesamten Roman. Er wirkt, oft verstärkt durch Anaphern,
sachlich, eindringlich, manchmal hämmernd:
»Amerika drang auf ihn ein. Amerika zerbrach ihn. Amerika zerschmetterte ihn«
(103). Die parallel gestalteten Dreier-Konstruktionen
vertiefen die Wirkung des Gesagten. Nur selten werden
hypotaktisch gebaute Sätze verwendet, aber auch sie

Parataxe

sind einfacher Art, es finden sich Doppelun-
gen und Wiederholungen: »Und während es
um seine Lippen lächelte und während es in
seinem Kopf schüttelte, begann sein Herz langsam zu ver-
eisen« (104).

Hypotaxe

Der Erzählstil wirkt holzschnittartig anschaulich. Der
Erzähler arbeitet mit Anlehnungen an den Sprachrhyth-
mus der Bibel und verwendet an einigen Stellen biblische
Redewendungen, z.B. als der Wunderrabbi zu Deborah
sagt: »Hab keine Furcht und geh nach Haus!« (18). Dadurch wird die religiöse Grundproblematik des Geschehens verstärkt.

Bildhaftigkeit

Die Sprache des Romans wirkt trotz der Einfachheit des
Satzbaus keineswegs eintönig. Im Gegenteil, Roth erreicht Eindringlichkeit, Anschaulichkeit und Bildhaftig-
keit durch eine stark überstrukturierte Sprache, die oft einen musikalischen Charakter hat. Diese überreiche Verwendung rhetorischer Mittel führt dazu, dass die
symbolische Verständnisebene verstärkt wird. Oft sind
mehrere Stilmittel miteinander verbunden, sodass Anschaulichkeit und Wirkung der Sprache noch stärker
werden.

Überblick über die Stilmittel[14]

Stilmittel	Beispiele	Wirkung
Wiederholungen	»ohne Zweck, ohne Not, ohne Neugier, ohne Lust« (23) »Amerika zerbrach ihn, Amerika zerschmetterte ihn« (103)	Eindringlichkeit
Aufzählungen	Mendels Augen waren »groß, schwarz, träge« (7), »die Siechen, die Krummen, die Lahmen, die Wahnsinnigen, die Idiotischen, die Herzschwachen, die Zuckerkranken« (15)	Eindringlichkeit, Zusammenfassungen
Antithetik	Das Land war »weiß«, und die Juden waren »schwarz« (34) »Fremd war ihnen die Erde […], und vertraut nur der Mond (62)	Vereinigung des Gegensätzlichen
Anaphern	»Sein Schlaf war traumlos. Sein Gewissen war rein. Seine Seele war keusch« (8) »Ihre Wangen waren blaß, ihre Augen trocken, ihre Lippen leicht geöffnet« (18)	Verstärkung der Eindringlichkeit, Musikalität
Metaphern	»Eine Wand aus kaltem Glas« (22) »Der Staub der Welt lag schon dicht, hoch und grau auf ihrem alten Glauben« (143)	Veranschaulichung, Eindringlichkeit

Vergleiche	Menuchim stöhnt »wie ein Tier« (11) »stark wie ein Bär«, »schlau wie ein Fuchs« (19) Der Sitz »brannte [...] wie ein heißer Ofen« (102) »Hitze wie graues schmelzendes Blei« (102)	Anschaulichkeit, Bedeutungsverdichtung
Personifikationen, Chiasmus	»Seine Majestät, der Schmerz, [...] ist in den alten Juden gefahren« (139) »Amerika zerbrach ihn« (103) »Die Scham stand am Beginn ihrer Lust, und am Ende ihrer Lust stand sie auch« (24)	Verlebendigung, Veranschaulichung
Alliteration, Rhythmisierung, Assonanz	»schwarz und schweigsam« (61) »Gedeih den Geschäften und Gesundheit den Kranken« (62) »die wohlige Wärme des Schlafes« (150) »Der Saal war prächtig und kalt, der Vater war mächtig und böse« (150)	Wohlklang, Musikalität
Synästhesie, Chiasmus	»wehender Lärm« (102) »blaue und silberne Melodie« (157) »Du gehst beten! [...] Beten gehst du!« (61)	Verbindung von Bereichen
Amerikanismen	»Halloh, old chap!«, »American boy«, »good bye«, »how do you do«, »please«, »college boy«, »Lunch«, »Dinner«, »allright«, »yes«, »prosperity«, »service« (vgl. 100, 107 f.)	Wirklichkeitsnähe, Kritik

Motive und Symbole

Religiöse Motive und Symbole

Neben dem übergeordneten **Hiob-Motiv** verbindet das durchgehende Leitmotiv der **Prophezeiung** des Wunderrabbis, Menuchim werde eines Tages gesund und etwas Besonderes werden, beide Teile des Romans. Zu Beginn erhält Deborah diese Prophezeiung, die Auswanderung nach Amerika verstößt gegen ihre Bedingungen, in Amerika denken Menuchims Eltern voller Schuldbewusstsein daran, und am Ende geht sie wunderbar in Erfüllung.

Einen großen Teil der strukturierenden Symbole nimmt Roth aus dem Ritual des jüdischen Gottesdienstes. Kleidung und Festtage entsprechen der jüdischen Tradition, ebenso Mendels Gebetsrituale und Deborahs Gang zum Wunderrabbi. Auch die jüdischen Speisegesetze werden beachtet. Wenn Mendel anlässlich des Festtages Jom Kippur an Schweinefleisch denkt, so ist das der tiefste Ausdruck seiner Auflehnung gegen Gott. Noch schlimmer wäre das mögliche Verbrennen seiner Gebetsriemen (vgl. 141). Dies würde den endgültigen Bruch mit Gott bedeuten.

Amerika

Das andere wichtige Leitmotiv, das schon den ersten Teil des Romans bestimmt, diesen mit dem zweiten verbindet und so die Geschlossenheit verstärkt, ist das **Amerika-Motiv**. Es ist unmittelbar mit dem Hiob-Motiv verknüpft. »Amerika« meint eine Daseinsweise, einen Lebensstil, der alles als möglich ansieht und keine technischen oder moralischen Grenzen kennt. Es bedeutet die westliche Zivilisation, die Moderne schlechthin. Verbunden mit diesem Glauben an die Machbarkeit aller Dinge ist die Selbstentfremdung des Einzelnen. Mendel erfährt nach seiner Ankunft, dass »Amerika God's own country hieß, daß es das Land Gottes war, wie einmal Palästina, und New York eigentlich ›the wonder city‹ […] wie einmal Jerusalem« (107). Er muss die Auswirkungen der amerikanischen Lebensweise schmerzhaft erfahren: Traditionslosigkeit, Einsamkeit, Gottlosigkeit. Roth verwendet wenig Sorgfalt auf eine detaillierte Zeichnung des amerikanischen Milieus, das er nicht aus eigener Anschauung kennt. Ihn interessieren nur dessen seelische Auswirkungen auf Mendel Singer.

Farben und Dinge

Auffallend ist die Verwendung der Farben **Weiß** und **Schwarz**. Ihre Gegensätzlichkeit dient der Gegenüberstellung der traditionell schwarz gekleideten Juden und ihrer Umgebung.

> Weiß – Schwarz

Als Jonas und Schemarjah von der Musterung kommen, gehen sie in »ihren langen schwarzen Röcken« durch die »weiß, weiß, weiß« (34) verschneiten Felder. Die beiden Juden sind in der Farbe der Trauer und des Todes Fremdkörper in der weißen Natur. Der weiße Schnee bleibt auf ihren Rücken nicht haften. Die Bauern dagegen fühlen sich in die winterliche Natur integriert: Sie werden weiß vom fallenden Schnee und gehen in ihm einher »wie in einer Heimat« (34).

Auch beim Neumondfest werden die Juden wegen ihrer schwarzen Kleider in ihrer Andersartigkeit wahrgenommen (vgl. 9, 30, 129). Sie sehen »stumm und schwarz« in der Ferne den ebenfalls schwarzen Wald, während sie ihre weißen

74 5. INTERPRETATION

Gebetbücher mit den schwarzen Buchstaben aufschlagen. In Amerika gehen die Juden mit »schwarze[n] Regenschirme[n]« unter einem »finstere[n] Himmel« durch die »letzten weißen Schneereste«. Doch auch hier scheint es Hoffnung zu geben: Mendel sieht in den Fenstern gegenüber »den gelblich roten Widerschein von Lampen«, und in der Gasse wird es »heiter und bunt« (129).

In diesen Bildern zeigt Roth eine Möglichkeit auf, die Welt der Trauer, des Todes und die Welt der ersehnten Erlösung miteinander zu verbinden. So glaubt Deborah, dass »Gottes Licht in den Dämmernissen aufleuchtete und seine Güte das Schwarze erhelle« (13). Als sie nach der Rekrutierung ihrer Söhne auf den Friedhof rennt, schreibt der Erzähler: »Aus der Dämmerung wuchs schnell die Nacht, schwarz, schwarz und durchleuchtet vom Schnee« (37). Aus Hoffnungslosigkeit und Leid sollen Trost und Zuversicht entstehen.

Roth bedient sich häufig der Farben, um **Stimmungen** deutlich zu machen, besonders der Farbe **Gelb**. Als sich

> Gelb

Mendel und Deborah noch nicht auseinander gelebt haben, scheuert sie den Boden, »bis er gelb wurde wie Safran, [...] gelb wie geschmolzene Sonne« (9). In Amerika ist er nicht mehr so gelb wie zu Hause, sondern schwarz (vgl. 121). Aus der früheren Gemeinschaft der Eheleute in reinlicher Armut ist ein Nebeneinander-Herleben im Schmutz geworden.

Mirjams Kennzeichen ist der »**gelbe Schal**« (64). Als sie mit ihrem Kosaken-Freund durch das Feld geht, erkennt Mendel sie an dieser Farbe ihres Schals. Der Gegensatz zwischen Alter und Jugend, zwischen der Frustration der Mutter und dem Lebenshunger der Tochter wird in der Szene deutlich, als Deborah vor der Amerikareise zu ihrer Tochter

5. INTERPRETATION   75

vor das Haus geht (vgl. 84 f.). Sie steht »in einem alten Schal
[…] alt, häßlich, ängstlich vor der goldüberglänzten Mirjam« (85). Der gelbe Schal ist das Symbol der Freiheit und
des ungebundenen Lebens, worauf Deborah verzichten
muss und worum sie ihre Tochter beneidet.

Als am Ende der Sohn den Vater mit ans Meer nimmt (vgl.
186), ist die Darstellung der **Landschaft**, die nur durch
Farben gekennzeichnet wird, völlig unanschaulich und ir-
real. Gelb gilt als Farbe des Lichts, blau ist die Farbe des
Himmels und des Wassers, die Farbe der Unendlichkeit.
Weiß gilt als Farbe der Reinheit und Vollkommenheit. In
dieser entgrenzten Situation denkt Mendel Singer an den
Tod und hat eine neue Einstellung zur »Welt« (187) gewonnen.

Situationen

Roth gestaltet einige Situationen deutlich mit symboli-
schem Charakter. So kann der **Deichselbruch** auf der
Rückfahrt Mendels von den Ämtern als ungünstiges Vorzei-
chen für die Reise und als Zeichen für den Zusammenbruch
der Familie gesehen werden (vgl. 80 f.). Der Erzähler stellt
etwas später fest: »[…] schon begann das Haus Mendel Singers zu zerfallen« (89). Der Fuhrmann Sameschkin sieht die
auswandernde Familie stellvertretend für das Judentum, das
immer in der Welt herumwandern muss und nirgendwo zu
Hause ist.

In einer zentralen Szene nimmt Deborah ihren welken
Körper im »blinden Spiegel« selbstkritisch
wahr und merkt, dass das »geöffnete Auge   *Spiegel*
ihres Mannes« (vgl. 22 f.) sie betrachtet. Der
Spiegel ist zentrales Symbol ihrer totalen Selbstentfrem-

76 5. INTERPRETATION

dung, aber auch ihrer Selbsterkenntnis. Sie wird sich ihres alternden Körpers bewusst und erlebt ihre existenzielle Vereinsamung. Sie ist von Mendels Auge gebannt, das »selbständig geschaut hatte« (24), und zwar mit einer lieblosen, seelenlosen Kälte: Es erinnert sie »an einen vereisten See mit einem schwarzen Punkt darinnen« (23).

Mendels **Auge** hat die Funktion eines Spiegels, in dem Deborahs eigener kalter Blick reflektiert wird (vgl. 23). Den gleichen sachlichen Blick, mit dem sie ihren körperlichen Verfall feststellt, hat sie vorher auf ihren schlafenden Mann gerichtet (vgl. 22). Sie erkennt, dass sowohl er als auch sie gealtert ist, und kann diese Erkenntnis auch dadurch nicht ungeschehen machen, dass sie sich abwendet und »den Spiegel im Rücken« (23) lässt. Dieser Augenblick ist der Anfang der Auseinanderentwicklung der Familie. Von dem Zeitpunkt an ist Mendel Deborah »unerträglich« und zu einer »Krankheit« geworden, »an deren treuer Feindschaft man zugrunde geht« (40).

Musik und Gesang

Mit der Person Menuchims ist ein wichtiger Motivkomplex verbunden, der den gesamten Roman leitmotivartig durchzieht: der der Musik in ihren verschiedenen Variationen. Sie spiegelt nicht nur Mendels und Menuchims jeweilige Befindlichkeit, sondern hat auch darüber hinaus symbolische Bedeutung.

Mendel Singer. Das Singen ist für Mendel eine Methode, seine kleinen Schüler an die Bibel heranzuführen. Ihr »helle[r] Chor« (19) wiederholt Wort für Wort die Sätze aus der Bibel. Seine Söhne hören den »Singsang der lernenden Kinder« (34, vgl. 53), als sie nach der Musterung nach Hau-

5. INTERPRETATION 77

se kommen. Sie nehmen »die Melodie auf«, die sie an ihre Kindheit erinnert (35).

Auch Mendels Gemütszustand manifestiert sich im Singen. Wenn er nach Hause kommt und zufrieden ist, singt er (vgl. 9). Nachdem er in Amerika die Nachricht erhalten hat, dass es seinen Söhnen in der Heimat gut geht, »sang« (119)

> *Ausdruck von Stimmungen*

es gleichsam aus ihm selbst. An seiner Stimme kann man erkennen, wie es ihm geht: Als der Krieg ausbricht, singt er die Psalmen »mit einer fremden Stimme« (125). Zu diesem Zeitpunkt ist seine Beziehung zu sich selbst und zu seiner Umwelt schon gestört.

Er erkennt jetzt, dass das »Singen der Psalmen« (125) ein ungeeignetes Mittel gegen die Kanonen ist, die seine Kinder bedrohen. Als er die Nachricht von der Krankheit seiner Tochter erhält, verhärtet der Schmerz seine Stimme (vgl. 139). Er wendet sich von Gott ab, singt »ein schreckliches Lied« (141) und stampft mit den Stiefeln den Takt dazu. Das »alte Lied« (151), mit dem er später die kleinen Kinder der Nachbarn in den Schlaf wiegt, erinnert ihn an die Klänge der Heimat und Menuchim. Es ist ein Lied, das ihn auf das Wiedersehen mit dem totgeglaubten Sohn vorbereitet und seine innere Entkrampfung einleitet.

»**Menuchims Lied**« bewirkt in Mendel eine bisher unbekannte Erlebnisfähigkeit und erinnert ihn an seinen Sohn. Die Töne dieser Musik sprengen seine selbstzerstörerische Verkrampfung und sein Gefangensein im Leid, sie entgrenzen sein Ich in die »ganze Welt« (156).

> *»Menuchims Lied«*

Fortgesetzt wird dieser Prozess der Entkrampfung am Sederabend, als Skowronnek die »Legende« vom Auszug der Kinder Israel aus Ägypten vorsingt (vgl. 169). Noch singt

Mendel nicht mit, aber die Melodie stimmt ihn milde, und er wiegt sich in ihrem Takt. Seine Empfindungsfähigkeit ist wieder erwacht, er erinnert sich »der Stimmen seiner eigenen Kinder« (170) und sieht seinen Sohn Menuchim vor sich. Jetzt ist er offen für den nächsten Schritt, der Versöhnung mit sich selbst und den Mitmenschen, mit der Welt und mit Gott.

Menuchim. Schon der neugeborene Menuchim hat eine »Lust, zu wimmern und zu schreien« (10). Auf Mendels monotonen Singsang reagiert er nicht, fühlt sich aber von anderen Klangerlebnissen angezogen, z. B. vom Klingen eines Teeglases und vom Singen des Vaters dazu (vgl. 41), und erinnert sich noch als berühmter Musiker daran (vgl. 184). Der Krüppel begreift instinktiv, dass er nicht mit nach Amerika darf, und reagiert auf Sams Einladung mit gellender Stimme (vgl. 58). Bei der Familie Billes wird er durch das Geigenspiel des Schwiegersohnes angerührt (vgl. 184). Durch ein Schockerlebnis findet er danach seine Sprache. Die existenzielle Gefahr des Feuers entlockt ihm den Ausruf: »Es brennt!« (117) oder »Feuer!« (184).

Menuchims Musikalität

Durch das Klavierspiel der Arztfrau, die sich um ihn kümmert, entdeckt er seine musikalischen Fähigkeiten. Später bekennt er, dass seine ersten Kindheitserlebnisse akustischer Art waren (vgl. 184).

Raum und Zeit

Der Raum

Die Handlung spielt in der galizischen Region um **Zuchnow** und im **Judenviertel** von **New York**. Nebenschauplätze sind Dubno, der Sitz der Verwaltung, wo

Mendel seine Ausreisepapiere erhält und gedemütigt wird, und die **Grenzschenke**, wo der Fluchthelfer Kapturak den Übergang der Landesflüchtigen über die Grenze organisiert (vgl. 49). Dieser Ort ist Sammelpunkt der Ausgestoßenen und Auswanderungswilligen, derjenigen, die sich nicht der herrschenden Ordnung unterwerfen wollen. Durch sie hindurch geht »in einem scharfen Schnitt die Grenzlinie der Epochen, die Trennlinie einer guten alten, patriarchalischen und einer ›modernen‹, dem Mammon und dem schnöden Eigennutz ergebenen Zeit«[15].

Diese **Einheit des Ortes** sowohl in Europa als auch in Amerika bewirkt eine Verdichtung des Geschehens. Wie das im Grunde realistische Erzählen an bedeutsamen Stellen die Wirklichkeit überschreitet, so werden die realen Räume entgrenzt. In ihrer Darstellung spiegelt sich das Innere der Figuren und ihr Verhältnis zu Gott.

> *Einheit des Ortes*

Das Gefühl der Fremdheit und die Sehnsucht Mendel Singers nach der Heimat werden durch zwei Räume veranschaulicht, durch die **Landschaft** und den **Himmel**. »Die Landschaftsschilderung macht das Weltverhältnis sinnfällig, die Beschwörung des Himmelsraumes bringt die Gottesbeziehung ins Spiel.«[16] Hinzu kommt als dritter Bereich das **Meer** als Zeugnis der Schöpferkraft Gottes.

Der Fuhrmann Sameschkin sagt zu Mendel, als sie die Nacht auf dem offenen Land verbringen müssen: »Siehst du, wie schön das Land ist?« (81). Mendel hat keinen Blick für die Schönheit der **Landschaft**. Sie bleibt den Ostjuden verschlossen, weil man sie in Ghettos gesperrt hat, deren Häuser verfallen und deren Straßen schmutzig sind. Erde und Natur wirken nicht als formende Macht auf sie und ihren Alltag.

> *Landschaft*

Sinnfälligen Ausdruck findet die Naturentfremdung der Juden in einer bezeichnenden Situation: Auf freiem Feld begrüßen die Juden von Zuchnow traditionsgemäß den Neumond (vgl. 61 f.). Der Vergleich der Juden mit dem fernen Wald, der wie sie »schwarz und schweigsam« ist, geht unmittelbar in den Kontrast über: »aber ewig in seinem verwurzelten Bestand«. Der Leser ergänzt: im Gegensatz zur Entwurzelung und Heimatlosigkeit der Juden – die ihre Sehnsucht nach Heimat am Leben erhält.

Leitmotivisch wird die Unendlichkeit des **Himmels** durch das Bild vom »Trillern von Millionen Lerchen« veranschaulicht, verstärkt durch das Attribut »fern« (23, 137). Der Himmel als Zeichen für Gottes Allmacht und ewige Ordnung ist für Mendel Singer und seine Familie der einzige Bereich, der Trost gewährt. Die Art seiner Betrachtung durch die Personen verdeutlicht die Qualität ihrer Beziehung zu Gott. Als Deborah mit ihrem Kind zum Wunderrabbi geht, wagt sie »nicht mehr Gott anzurufen, er schien ihr zu hoch, zu groß, zu weit, unendlich hinter unendlichen Himmeln« (15 f.). In Amerika sieht der verunsicherte Mendel zuerst einen zerstückelten Himmel und »zerhackte Sternbilder« (122). Nachdem er sein Gottvertrauen wiedergefunden hat, ist der Anblick des Himmels durch das Hotelfenster für ihn ein Zeichen für Gottes Allmacht und ewige Ordnung, die sich jetzt wieder bestätigen.

Das **Meer** hat als göttliche Schöpfung große Bedeutung für die jüdische Religion. Mendels Verhältnis zu ihm ist zwiespältig. Zuerst hat er Angst vor der Seereise. Im Angesicht des Meeres vor und bei der Überfahrt ändert sich jedoch seine Haltung. Jetzt ist es für ihn keine Bedrohung mehr, sondern ein

5. INTERPRETATION   **81**

Beweis für die unendliche Schöpferkraft Gottes. Das Bild vom Leviathan verdeutlicht Gottes Macht und Herrlichkeit, worin sich Mendel geborgen fühlt (vgl. 98 f.).

Die Zeit

Wie Roth den realen Raum an den entsprechenden Stellen in den mythischen Bereich hin ausweitet, so macht er das auch mit der **Zeit**. Einerseits bemüht er sich um Genauigkeit und gibt konkrete Hinweise, sodass das Geschehen zwischen dem Anfang und den zwanziger Jahren des 20. Jahrhunderts eingeordnet werden kann. Im Roman werden der russisch-japanische Krieg von 1904/05 (80 f.), der Ausbruch des Ersten Weltkriegs 1914 (124), Amerikas Kriegseintritt 1917 (126), die Ermordung des Zaren 1918 (154) und das Kriegsende 1918 (155) erwähnt.

Historische Zeit

Andererseits hebt Roth den realistisch dargestellten Zeitablauf auf und gebraucht zahlreiche Wendungen, die dem Leser den Eindruck von Dauer und Zeitlosigkeit vermitteln.

Zeitlosigkeit

Der Sabbat bricht »am Ende jeder Woche« (10) an. »Die Tage dehnten sich zu Wochen« (11) bei Menuchims ausbleibender Entwicklung. »Nach langen Jahren« (18) soll er wieder gesund werden. Deborah fühlt ihres Mannes Auge auf sich gerichtet und hält »diese Minute für ein Jahrzehnt« (23). Als Schemarjah über die Grenze geht, kommentiert der Erzähler: »Also verrannen die Jahre« (52). Für Mendel leuchten in Menuchims Augen »ein paar tausend Jahre« (167). Diese mythische Zeitauffassung spiegelt die ahistorische Haltung der orthodoxen Juden, die immer dem gleichen Schicksal ausgesetzt sind und es geduldig er-

82 5. INTERPRETATION

tragen, weil sie in der Zukunft das Erscheinen des Messias erwarten.

Die Wendungen und auch die Schilderung immer gleicher Abläufe im Hause Mendel Singers, die eine Aufhebung der messbaren Zeit suggerieren, werden an bestimmten Stellen durch den Einbruch des Plötzlichen, Unerwarteten unterbrochen. »An einem heißen Tag« (10) kommt Deborah nieder. »Eines Tages« (14) geht sie mit ihrem Kind zum Rabbi. »Eines Morgens« (22) erkennt sie im Spiegel ihren körperlichen Verfall. »An diesem Abend« (171) sitzen die Freunde zusammen, und Menuchim kommt als Gast, der seinen Vater rettet. Die plötzlichen Einbrüche des Unvorhergesehenen weisen auf das plötzliche Erscheinen des Retters zu einer unbekannten Zeit hin.

6. Autor und Zeit

1894 2. September: Geburt von Moses Joseph Roth als Sohn jüdischer Eltern in Brody, im österreichischen Galizien (heute Ukraine). Vater: Getreide- und Holzhändler, der vor der Geburt des Sohnes von einer Geschäftsreise nicht zurückkehrt. Erziehung durch die Mutter und deren Vater nach westlichen Maßstäben.

1901–05 Besuch der jüdischen Gemeindeschule.

1905–13 Besuch des Kronprinz-Rudolf-Gymnasiums, Matura (Abitur) mit Auszeichnung.

1913–15 Studium der Philosophie und deutschen Literatur in Lemberg und Wien. Grundlegende Erfahrung: Die Juden im Ghetto.

1916 Freiwillige Kriegsteilnahme, Mitarbeiter des militärischen Pressedienstes in Galizien. Veröffentlichung von Feuilletons und Gedichten in Prager und Wiener Zeitungen.

1918/19 Rückkehr nach Wien, Besuch Brodys, Flucht aus Brody wegen der politischen Situation nach Auflösung des Habsburger Reiches.

1920 Übersiedlung nach Berlin. Mitarbeiter verschiedener liberaler Zeitungen und Zeitschriften.

1922 Heirat mit Friederike Reichler, Mitarbeit an der sozialdemokratischen Zeitung *Vorwärts*.

1923 Anstellung bei der liberalen *Frankfurter Zeitung* als Korrespondent (bis 1932). Sozialistische Grundeinstellung. Erste Romane: *Das Spinnennetz* (1923), *Hotel Savoy* (1923), *Die Rebellion* (1924).

1925 Aufenthalt in Paris als Korrespondent der *Frankfurter Zeitung*. Roman: *Der blinde Spiegel*.

84 6. AUTOR UND ZEIT

1926 Reise in die Sowjetunion: Artikelfolge *Reise in Ruß-land*. Abkehr vom Sozialismus, Wandel vom links-liberalen zum konservativen Schriftsteller. Neue Themen: Ostjudentum, Zerfall der österreichischen Monarchie.

1927 Reportage-Reisen. Essay: *Juden auf der Wanderschaft* (Theoretische Grundlage des *Hiob*).

1928 Erkrankung seiner Frau an Schizophrenie. Freund-schaft mit dem Schriftsteller Stefan Zweig (1881–1942). Artikel und Essays für verschiedene deutsche Zeitungen. Roman: *Zipper und sein Vater*.

1930 Lösung von der Stilrichtung der Neuen Sachlichkeit, einer deren Vertreter Roth bisher gewesen war. *Hiob*: erstes Zeugnis der neuen dichterischen Schaffensperi-ode. Roman: *Radetzkymarsch* (1932).

1933 31. Januar: »Machtergreifung« der Nationalsozialis-ten. Reise ins Exil nach Frankreich. Mitarbeit bei Emi-granten-Zeitungen. Verschlechterung von Roths fi-nanzieller Lage. Erzählung: *Stationschef Fallmerayer*.

1934 Aufenthalt in Südfrankreich. Erzählung: *Der Levia-than* (postum erschienen).

1935–39 Aufenthalt in Paris, Reisen nach Amsterdam, Ostende. Vortragsreise in Polen. Aufenthalt in Wien. Gesundheitlicher Verfall, Verstärkung seines Alko-holproblems. Erzählungen und Romane: *Das falsche Gewicht* (1937), *Die Kapuzinergruft* (1937), *Die Le-gende vom heiligen Trinker* (1939). Zusammenbruch beim Erhalt der Nachricht vom Tode des Schriftstel-lers Ernst Toller (1893–1939).

1939 27. Mai: Tod, Beisetzung am 30. Mai auf einem Ar-menfriedhof in der Nähe von Paris.

Joseph Roth
Foto 1930
© akg-images

7. Rezeption

Rezeption bis 1945

Hiob erscheint 1930 als Vorabdruck in der *Frankfurter Zeitung*. Im gleichen Jahr startet die Buchausgabe. Roths Freund Stefan Zweig schreibt eine überaus positive Rezension. Roth sei es »auf das überraschendste« gelungen, »sich in einem Werk ganz innerlich zusammenzufassen«[17]. Er ist einer der wenigen, die Roths Roman uneingeschränkt positiv bewerten. Die übrige Kritik ist weniger begeistert. Sie lobt zwar die Sprache, kritisiert aber die Flucht in die Vergangenheit, vermisst den konkreten Gesellschaftsbezug und hat Vorbehalte gegenüber dem legendenhaften Schluss. Der erste Teil des Romans überzeuge mehr als der zweite, und die Darstellung New Yorks sei klischeehaft. Ludwig Marcuse gefällt der Schluss ebenfalls nicht, aber er lobt die »Dichte der Anschauung […], die geistige Souveränität, die alles Geschehene läutert, […] und die Schärfe und Fülle der Beobachtungen« sowie den »Zauber des Sprachklangs«[18].

Lob und Kritik

Bis zum Verbot von Roths Werken durch den Nationalsozialismus erreicht der Roman eine Auflage von 30 000 Exemplaren. 1931 erscheint schon die amerikanische Ausgabe, die im November des gleichen Jahres zum »Buch des Monats« gewählt wird.[19] Der kommerzielle Erfolg sichert Roth eine breite Popularität. Trotzdem bleibt aber die erhoffte Sanierung seiner Finanzen wegen der hohen Krankheitskosten seiner Frau aus. In England wird der Verkauf des Romans ab 1933 durch ein Interview mit der Schauspielerin Marlene Dietrich angeregt, in dem sie ihn als ihr Lieblingsbuch bezeichnet.

Erfolg

7. REZEPTION

Roth hofft auch auf Einnahmen aus einer geplanten **Verfilmung** des Romans. In Deutschland allerdings verhindert sie der immer stärker werdende Antisemitismus. Nach vielen Schwierigkeiten entsteht 1934 in Hollywood ein indiskutabler Film mit dem Titel *Sins of Man*, in dem der jüdische Melamed in einen katholischen Mesner verwandelt und die Handlung aus Zuchnow in Russland nach Gossensass in Tirol verlegt wird. Roths Freund Stefan Zweig macht sich über den Film lustig.[20] Größere Bedeutung als dieser Fehlversuch hat eine **dramatisierte Fassung** des Stoffes, die 1939 in deutscher Sprache in Paris und in englischer Sprache in New York aufgeführt wird.

Verfilmung

Rezeption nach 1945

Nach dem Krieg wird Roths Roman zuerst weniger, dann jedoch immer mehr zur Kenntnis genommen. Aber noch in den sechziger Jahren klagt der Kritiker Marcel Reich-Ranicki über die zu kleine Roth-Gemeinde und die Geringschätzung des Autors bei den Kritikern, die *Hiob* vorwiegend als guten Unterhaltungsroman ansehen.[21]

Die siebziger Jahre bringen eine eingehendere Würdigung von Roths Werk und des *Hiob* mit sich. Besonders sein Freund Hermann Kesten (1900–1996) setzt sich unermüdlich für seine Werke ein. 1974 schreibt der amerikanische Germanist David Bronsen eine grundlegende Biografie über Joseph Roth. Der Roman wird in der Folgezeit von verschiedenen Verlagen als Einzelausgabe herausgegeben, von den Buchgemeinschaften übernommen und erreicht ansehnliche Auflagen.

Zunehmender Erfolg

In den achtziger und neunziger Jahren setzt eine intensive, wissenschaftliche Beschäftigung mit Roths Werk und mit *Hiob* ein. Während einige Interpreten erneut den märchenhaften Schluss kritisieren, sehen ihn andere in Anbetracht der »heilsgeschichtlich ausgerichtete[n] Struktur des Romans« als durchaus konsequent, »literarisch möglich und logisch-ästhetisch folgerichtig« an.[22]

Ein Aspekt wird stärker als früher gewichtet: die Assimilationsproblematik. Der Roman sei »eigentlich die Schilderung eines Assimilationsprozesses«.[23] Er zeige Beispiele von gelungener (Jonas, Schemarjah, Menuchim) und gescheiterter Assimilation (vor allem Mendel Singer). Josef Roth füge dem »Leiden des biblischen Hiob, dem Verlust des Reichtums, der Familie und der Gesundheit, das historische des Exils hinzu«. Er werfe in seinem Roman die »Frage nach dem spezifisch jüdischen Problem der Heimatlosigkeit auf. Seine Kritik trifft die Bedrohung des jüdischen Lebens unter dem Anspruch der Assimilation, der die Juden durch ihr dauerndes Fremdsein ausgeliefert sind«[24].

Assimilations-problem

Auch religiöse und allgemein menschliche Aspekte treten in den Vordergrund. Hiob stehe nicht für religiöse oder moralische Tugenden, »sondern für den Typus des zeitgenössisch orthodoxen Ostjuden […], dessen Leidensweg dem Hiobs als des Prototypen jüdischer Welterfahrung überhaupt korrespondiert«. Roths Hauptfigur »repräsentiert einen gereinigten, um das Potential des Widerstands, der Zweifel und der verzweifelten Selbstbehauptung reduzierten Hiob«.[25]

Religiöse und menschliche Aspekte

Man sieht in Hiob den einfachen Mann, der »keinen Idealtyp repräsentiere wie sein biblischer Leidensgenosse«. Im Gegensatz zum biblischen Hiob verteilten sich bei Roth »Vertrauen und Zweifel, Unschuld und Schuld nicht auf verschie-

7. REZEPTION 89

dene Personen«. »Die Scheidelinie zwischen Glaube und Unglaube verläuft mitten durch die religiöse Existenz.«[26] Wichtig sei auch der Untertitel: Hiob sei der »Roman vom kleinen Mann«, und Roth versuche, »das Bild des Ostjuden in die Porträts von Alltagsmenschen einzureihen, denen in der Weimarer Republik das besondere Interesse der Literatur galt«.[27]

Auch gesellschaftskritische Schwerpunkte werden gesetzt. Man meint, *Hiob* sei der Roman einer »Skepsis gegenüber jedem sozialreformerischen oder revolutionären Glücksversprechen«. Roths setze sich »so offen märchenhaft über die Verhältnisse der Wirklichkeit hinweg wie in keinem anderen Roman«.[28] Zu diesem gesellschaftskritischen Aspekt gehöre auch die Betonung der Amerika-Kritik im zweiten Teil.[29] Eine »enge Verschränkung von Lebenserfahrung und literarischer Produktion« wird gesehen: Hiob präsentiere sich als »doppeltes literarisches Spiegelbild: einer individuellen Lebenskrise einerseits und einer kollektiven Zeitkrise andererseits«.[30]

Gesellschafts-kritische Schwerpunkte

Andere Interpreten beziehen den Roman auf die jüngere europäische und die deutsche Geschichte. *Hiob* thematisiere die Orientierungslosigkeit der einfachen Leute angesichts der »nach dem Ersten Weltkrieg in Unordnung geratenen Welt«. Das »Mythisch-Parabolische« der Existenz von Mendel Singer bestehe darin, dass sich »hier im Schicksal eines einzelnen und seiner Familie der epochale Umbruch des 20. Jahrhunderts« spiegele.[31] Der historische Aspekt erweitert sich noch, wenn Hiobs/Mendels Bedeutung für das deutsch-jüdische Verhältnis gesehen wird. Das »grauenvolle Geschehen«, das sich in Auschwitz manifestiere, binde Deutsche und Juden so unlösbar aneinander, dass man von einer »deutsch-jüdischen Symbiose« sprechen könne.[32]

8. Checkliste

1. Welche Bedeutung hat Menuchims Geburt für die Familie Singer? Welche Stellung nimmt er in der Familie ein? Wie verhalten sich seine Eltern und Geschwister ihm gegenüber?
2. Welche Einstellungen zur Assimilation der Juden verkörpern die Mitglieder der Familie Singer?
3. Wie verläuft die Entwicklung von Mendel Singers Glauben und Verhalten in Russland und Amerika?
4. Aus welchen äußeren und inneren Gründen wollen Mendel Singer, seine Frau und seine Tochter nach Amerika auswandern? In welchem Dilemma steckt Mendel?
5. Wie entwickelt sich Mendel Singers Verhältnis zu Gott?
6. Wie verhält sich Deborah gegenüber ihrem Mann und ihren Kindern? Welche Motive begründen ihr Verhalten?
7. Wie unterscheiden sich Jonas und Schemarjah?
8. Wie verhält sich Mirjam ihren Eltern und Geschwistern gegenüber? Welche Motive begründen ihr Verhalten?
9. Welche religiösen Richtungen innerhalb des Judentums verkörpern Mendel Singer und seine Frau Deborah?
10. Wie entwickelt sich die Beziehung zwischen Mendel Singer und seiner Frau?
11. Wie kommt Mendel Singer mit der amerikanischen Lebensweise zurecht?
12. Welche Schicksalsschläge treffen Mendel Singer, und wie reagiert er darauf?
13. Welche Gemeinsamkeiten und welche Unterschiede

8. CHECKLISTE 91

zwischen dem biblischen Hiob und Mendel Singer (ihre soziale Stellung, ihre Reaktion auf Schicksalsschläge) lassen sich feststellen?

14. Welche Ratschläge erhält Mendel Singer von seinen Freunden?

15. Worin sieht Mendel Singer seine Schuld?

16. Wie bereitet der Erzähler das Osterwunder vor, worin besteht es, welche Bedeutung und welche Folgen hat es für Mendel Singer?

17. Ist *Hiob* ein jüdischer oder ein deutscher Roman?

18. In welchem Sinn kann der Roman als Parabel gedeutet werden?

19. Worin liegt die Besonderheit von Roths Erzählweise?

20. Von welchen Erzählsituationen macht der Autor Gebrauch, und welche Wirkungen auf den Leser haben sie?

21. Welche Leitmotive und welche anderen Motive verwendet der Autor? Welche symbolische Bedeutung haben sie?

22. Welche Bedeutung haben Raum und Landschaft für Mendel Singer?

23. Wie verfährt der Erzähler mit der Zeit im Roman?

24. Welche Ereignisse aus Roths Leben spiegeln sich im Roman?

25. Wie wurde der Roman von der Kritik und den Lesern aufgenommen?

26. Welche Aspekte des Romans wurden im Verlauf seiner Rezeption in den Mittelpunkt gestellt?

9. Lektüretipps/Filmempfehlungen

Einzelausgabe

Joseph Roth: Hiob. Roman eines einfachen Mannes. München: Deutscher Taschenbuch Verlag, 2004. (dtv. 13020.) – *Nach dieser Ausgabe wird zitiert.*

Werkausgabe

Joseph Roth: Hiob. Roman eines einfachen Mannes. In: J.R.: Werke. Hrsg. von Fritz Hackert und Klaus Westermann. Bd. 5: Romane und Erzählungen 1930–36. Köln: Kiepenheuer und Witsch, 1999. S. 105–239.

Materialien

Schmidtjell, Christine: Erläuterungen und Dokumente: Joseph Roth: *Hiob*. Stuttgart 2004. (Reclams UB. 16033.) – *Umfangreiche Materialiensammlung, Sacherläuterungen verbunden mit hilfreichen Kommentaren, zahlreiche Texte zur Entstehungs- und Wirkungsgeschichte sowie zur literaturwissenschaftlichen Rezeption.*

Zur Biografie

Bronsen, David: Joseph Roth. Hiob. Eine Biographie. Köln 1974. – *Die sehr interessant geschriebene immer noch maßgebliche ausführliche Biografie mit guten Interpretationen seiner Werke.*

Nürnberger, Helmuth: Joseph Roth in Selbstzeugnissen und Bilddokumenten. Reinbek bei Hamburg 2004. – *Ausführliche, anschauliche und interessante Darstellung von Roths Leben und Werken anhand von Textauszügen und Bildern.*

Lunzer, Heinz / Victoria Lunzer-Talos: Joseph Roth. Leben und Werk in Bildern. Köln 1994. – *Umfangreiche, anschauliche Darstellung von Roths Werk und seiner Zeit in Bildern und Erläuterungen.*

Zum Werk

Ausserhofer, Hansotto: Joseph Roth und das Judentum. Ein Beitrag zum Verständnis der deutsch-jüdischen Symbiose im 20. Jahrhundert. Phil. Diss. Bonn 1970. – *Ältere, aber immer noch ergiebige Interpretation von Roths Werk mit starker Berücksichtigung des Romans »Hiob«.*

Zu *Hiob*

Hackert, Fritz: Joseph Roth: *Hiob. Roman eines einfachen Mannes*. Die Last von Getto-Mentalität. In: Interpretationen. Erzählungen des 20. Jahrhunderts. Bd. 1. Stuttgart 1996. (Reclams UB. 9462.) S. 201–218. – *Interessante Interpretation des Romans unter besonderer Berücksichtigung seines Untertitels.*

Schrader, Ulrike: Die Gestalt Hiobs in der Deutschen Literatur seit der frühen Aufklärung. Frankfurt a. M. 1992.

94 9. LEKTÜRETIPPS/FILMEMPFEHLUNGEN

(Über *Hiob*: S. 125–139.) – *Guter Überblick über die Gestaltung des Hiob-Motivs und gute Interpretation des Romans.*

Schrey, Dieter: »Geistige Grundlagen für eine neue Welt?« – Roths Roman in geistes- und kulturgeschichtlichen Kontexten. In: Josephs Roths *Hiob* im LK [Leistungskurs] Deutsch. Stuttgart 1991. H. 1. (Materialien Deutsch D72.) S. 3–90. – *Anspruchsvolle, sehr gute Darstellung der geistigen Grundlagen des Romans, des Geflechts seiner Entwicklungslinien, des Verhaltens der Personen sowie der Bedeutung Amerikas.*

Steinmann, Esther: Von der Würde des Unscheinbaren: Sinnerfahrung bei Joseph Roth. Tübingen 1984. – *Einfühlsame Deutung des Denkens und Verhaltens der Personen des Romans und Eingehen auf wichtige Symbole.*

Verfilmung

Hiob. Österreichisch-deutscher Fernsehfilm in 3 Teilen. Regie: Michael Kehlmann. Erstsendung: 2., 5. und 9. 4. 1978. – *Trotz einiger Einwände gelungene Literaturverfilmung. Der Film ist außerordentlich werkgetreu und vermittelt ein authentisches Bild der Welt des Romans. Er hat Roth und seinen Roman einem breiten Publikum vermittelt.*

Anmerkungen

1 Heinrich Böll, *Ein Denkmal für Joseph Roth*, in: *Heinrich Böll, Erzählungen. Hörspiele. Aufsätze*, Stuttgart/Hamburg 1962, S. 362.

2 Eva Raffel, *Vertraute Fremde. Das östliche Judentum im Werk von Joseph Roth und Stefan Zweig*, Tübingen 2002, S. 210.

3 Christine Schmidtjell, *Erläuterungen und Dokumente, Joseph Roth, »Hiob«*, Stuttgart 2004 (Reclams UB, 16033), S. 12.

4 Schmidtjell (Anm. 3), S. 13.

5 Hans Otto Horch, »Zeitraum, Legende, Palimpsest. Zu Joseph Roths Hiob-Roman im Kontext deutsch-jüdischer Literaturgeschichte«, in: *Germanisch-Romanische Monatsschrift* 39 (1989) S. 221.

6 Fritz Hackert, »Hiob. Roman eines einfachen Mannes. Die Last von der Getto-Mentalität«, in: *Erzählungen des 20. Jahrhunderts*, Bd. 1, Stuttgart 1996, S. 216.

7 Vgl. Ester Steinmann, *Von der Würde des Unscheinbaren: Sinnerfahrungen bei Joseph Roth*, Tübingen 1984, S. 53.

8 Horch (Anm. 5), S. 221.

9 Hansotto Ausserhofer, *Joseph Roth und das Judentum. Ein Beitrag zum Verständnis der deutsch-jüdischen Symbiose im 20. Jahrhundert*, Diss. Bonn 1970, S. 329f.

10 Gershon Shaked, »Wie jüdisch ist ein jüdisch-deutscher Roman? Über Joseph Roths *Hiob. Roman eines einfachen Mannes*«, in: Stéphane Moses / Albrecht Schöne (Hrsg.), *Juden in der deutschen Literatur. Ein deutsch-israelisches Symposion*, Frankfurt a. M. 1984, S. 281.

11 Vgl. Schmidtjell (Anm. 3), S. 7, 11, 12, 16.

12 Gerhard vom Hofe, »»Reigen aus Mühsal‹ und ›Schwere des Glücks‹. Joseph Roths Hiob-Deutung«, in: Evangelische Akademie Baden (Hrsg.), *Die Schwere des Glücks und die Größe der Wunder. Joseph Roth und seine Welt*, Karlsruhe 1994, S. 86.

13 Shaked (Anm. 10), S. 291.

14 Vgl. die umfassende Zusammenstellung bei: Sonja Otte, *Joseph Roth und das Judentum*, Diss. Heidelberg 2002, S. 172.

15 Sebastian Kiefer, *Braver Junge – gefüllt mit Gift. Joseph Roth und die Ambivalenz*, Stuttgart/Weimar 2001, S. 133.

96 ANMERKUNGEN

16 Steinmann (Anm. 7), S. 34.
17 Zit. n. David Bronsen, *Joseph Roth. Eine Biographie*, Köln 1974, S. 388.
18 Zit. n. Schmidtjell (Anm. 3), S. 96.
19 Zit. n. Bronsen (Anm. 17), S. 389 ff.
20 Vgl. Schmidtjell (Anm. 3), S. 97.
21 Vgl. Schmidtjell (Anm. 3), S. 101.
22 Vom Hofe (Anm. 12), S. 89.
23 Shaked (Anm. 10), S. 286.
24 Ulrike Schrader, *Die Gestalt Hiobs in der deutschen Literatur seit der frühen Aufklärung*, Frankfurt a. M. 1992, S. 139.
25 Vom Hofe (Anm. 12), S. 70 f.
26 Steinmann (Anm. 7), S. 34 f.
27 Hackert (Anm. 6), S. 208.
28 Bernd Hüppauf, »Joseph Roth, *Hiob*. Der Mythos des Skeptikers«, in: Gunter E. Grimm / Hans-Peter Bayerhöfer (Hrsg.), *Im Zeichen Hiobs. Jüdische Schriftsteller und deutsche Literatur im 20. Jahrhundert*, Königstein i. Ts. 1985, S. 25 ff.
29 Vgl. Thorsten Jürgens, *Gesellschaftskritische Aspekte in Joseph Roths Romanen*, Leiden 1977, S. 119.
30 Georg Langenhorst, *Hiob unser Zeitgenosse. Die literarische Hiob-Rezeption im 20. Jahrhundert als theologische Herausforderung*, Diss. Mainz 1993, S. 137.
31 Dieter Schrey, »›Geistige Grundlagen für eine neue Welt?‹ – Roths Roman in geistes- und kulturgeschichtlichen Kontexten«, in: *Josephs Roths »Hiob« im LK [Leistungskurs] Deutsch*, Stuttgart 1991, H. 1 (Materialien Deutsch D72), S. 47.
32 Sidney Rosenfeld, »*Hiob* – Glaube und Heimat im Bild des Raumes«, in: David Bronsen (Hrsg.), *Joseph Roth und die Tradition. Aufsatz- und Materialiensammlung*, Darmstadt 1975, S. 103.